Marcus Schmieke

DIE ZWÖLF
ERFOLGSGESETZE
DES RICHTIGEN WOHNENS

12 universelle Regeln des Vasati
verwandeln jeden Raum in einen Tempel des Wohnbehagens
Mit Anleitungen auch für Feng Shui und Vastu

WINDPFERD

1. Auflage 2001
© 2000 by Windpferd Verlagsgesellschaft mbH, Aitrang
Alle Rechte vorbehalten
Umschlaggestaltung: Kuhn, Digitales Design, Zürich
Lektorat: Sylvia Luetjohann
Gesamtherstellung: Schneelöwe, Aitrang

ISBN 3-89385-356-1

Printed in Germany

Gewidmet

dem Physiker Burkhard Heim,
dessen zwölfdimensionale Raumtheorie
die Wissenschaft der Transzendenz
öffnete

. . .

Danksagung

. . .

Dieses Buch konnte nur mit der Hilfe
zahlreicher Freunde entstehen.

Besonderer Dank gebührt meiner Frau Katarina für die Fotos,
Sibylla Huy für das Aufstöbern etlicher Ungereimtheiten,
Edith Lakatos für einige Graphiken,
meinen Studenten, die mit Kritik und Anregungen
die Konzepte haben reifen lassen,
Ludwig Jacob für viele hilfreiche Hinweise
und meiner Verlegerin Monika Jünemann für ihr besonderes
Engagement für dieses Buch.

Inhaltsverzeichnis

KAPITEL I

Vasati:
Die zwölf Erfolgsgesetze gesunden Wohnens und Bauens

Seitdem die Verbreitung von Feng Shui in Europa das Bewusstsein für die Qualität des Wohnraumes in großen Teilen der Bevölkerung geweckt hat, herrscht eine zunehmende Verunsicherung darüber, welchem System man beim Einrichten einer Wohnung oder beim Neubau eines Hauses folgen sollte. Nicht nur konkurrieren unterschiedliche Traditionen wie das chinesische Feng Shui, die anthroposophische Baulehre Rudolf Steiners, die europäische Geomantie und das indische Vastu miteinander, selbst innerhalb der einzelnen Systeme gibt es zumeist eine Vielzahl unterschiedlicher, wenn nicht sogar einander widersprechender Auffassungen.

Mit Vasati steht ein weit gehend kulturunabhängiges, einfaches und wissenschaftliches System zur Verfügung, das auf zwölf universellen Gesetzen beruht. Alle praktischen Regeln, Prinzipien und Ratschläge des Vasati für die Einrichtung einer Wohnung oder den Neubau eines Hauses lassen sich von diesen zwölf Gesetzen der Raumenergie ableiten. Jede überlieferte Regel, ganz gleich ob sie aus dem Feng Shui, der Geomantie oder der Tradition des Vastu stammt, sollte sich an diesen Regeln messen lassen.

Vasati bietet ein klares, widerspruchsfreies und wissenschaftliches System an, neue Gebäude im Einklang mit der Natur zu bauen und bestehende Wohnungen und Häuser mit einfachen Mitteln energetisch zu optimieren, wobei nur 12 Grundregeln beachtet werden müssen.

Der Begriff *Vasati* beinhaltet bereits seine inhaltliche Struktur. Jede seiner drei Silben *va, sa* und *ti* repräsentiert eine der drei Ebenen der Energie, Geometrie und Information und enthält vier Gesetze. *Va* bedeutet im Sanskrit Energie und umfasst die vier Gesetze der energetischen Ebene; sa bedeutet Information mit ebenfalls vier Gesetzen, während *ti* die vier geometrischen Gesetze repräsentiert.

Auf einer höheren Ebene besitzt das Wort *Vasati* eine weitere spirituelle Bedeutung. Die Sanskritsilbe *va* bedeutet Vishnu, eine Verkörperung Gottes, während *sati* Lakshmi bezeichnet, die Verkörperung der weiblichen Energie Gottes. Beide zusammen stellen die vollkommene Ausgeglichenheit der weiblichen und männlichen Energie in persönlicher Form dar. Ebenso geht es im Vasati darum, die weibliche Energie (Energiestrom aus dem Norden, Mondfenster) und die männliche Energie (Energiestrom aus dem Osten, Sonnenfenster) harmonisch zusammenfließen zu lassen.

Die zwölf Gesetze des Vasati

Die zwölf Gesetze des Vasati bilden drei Gruppen mit je vier Gesetzen, wobei die erste Gruppe aus vier Gesetzen energetischer Natur, die zweite Gruppe aus vier Gesetzen geometrischer Natur und die dritte Gruppe aus vier Gesetzen informativer Natur besteht.

Nach moderner physikalischer Theorie besteht der gesamte Bereich der Physik aus einem energetischen und einem Informationsbereich. Der energetische Bereich umfasst sowohl die uns sichtbaren physischen Phänomene als auch die uns nicht sichtbaren feinstofflichen energetischen Phänomene, die alle Lebensprozesse begleiten. Der Göttinger Physiker Burkhard Heim hat in seinem Werk "Elementarstrukturen der Materie" die Hypothese aufgestellt, dass die vierdimensionale Raum-Zeit Albert Einsteins durch eine fünfte und sechste Dimension ergänzt werden müsse, damit eine widerspruchsfreie Gravitationstheorie formuliert werden könne. Die physikalischen Prozesse der fünften und sechsten Dimension und ihre Wechselwirkungen mit der physikalischen Raum-Zeit sind feinstofflicher energetischer Natur. Es gibt kein lebendiges Phänomen in dieser Welt, das nicht von feinstofflichen Energiewechselwirkungen begleitet wird. Hinter diesem sechsdimensionalen Energieraum befindet sich ein weiterer sechsdimensionaler Informationsraum, der, wie sein Name schon sagt, nicht von Energie, sondern von Informationen beherrscht wird. Jeder energetische Fluss und auch jede physikalische Wechselwirkung wird von Informationen gesteuert, die in ihrer Gesamtheit den Informationsraum bilden. Die Wechselwirkung zwischen Energie und Information gehört zu den zentralen Themen moderner physikalischer Forschungen.

Auch die Geometrie des Raumes bestimmt dessen energetische Qualität. Dies hat nicht zuletzt Albert Einstein in seiner Allgemeinen Relativitätstheorie nachgewiesen, die besagt, dass die Geometrie des Raumes durch die in ihm vorhandene Materie verformt wird. Ebenso wird die Qualität des Energiefeldes eines Raumes durch seine geometrische Struktur beeinflusst, was in den vier Gesetzen der geometrischen Ebene zum Ausdruck kommt.

11

Zusammenfassende Übersicht[1] der 12 Gesetze des Vasati

Die vier Gesetze der energetischen Ebene

1. Der geophysikalische Energiefluss
Auf der Erde fließen die Lebensenergien aus dem Norden in Richtung Süden und aus dem Osten in Richtung Westen.

2. Die Energiepotenzial-Bereiche
Jede Raumfläche wird in eine Hälfte mit positivem energetischen Potenzial und eine Hälfte mit negativem Potenzial unterteilt. Die nordöstliche Hälfte besitzt positives und die südwestliche Hälfte negatives Potenzial.

3. Starke und schwache Bereiche
Jede Seite des Energiefeldes besitzt eine starke und eine schwache Hälfte. Hierbei gilt jeweils die nördliche beziehungsweise östliche Hälfte als der starke Bereich.

4. Veränderung des Energiepotenzials
a) Wasser verstärkt das energetische Potenzial eines Sektors (räumlicher Bereich).
b) Gewichte verringern das energetische Potenzial eines Sektors.
c) Das energetische Potenzial eines Sektors wird umso stärker erhöht, je mehr Raum in einer bestimmten Richtung sowohl vertikal als auch horizontal zur Verfügung steht.

---

[1] Das System des Vasati mit seinen wichtigsten Elementen ist als Mindmap auf Seite 133 f. dargestellt.

[2] Ein Energienetzgitter ist eine regelmäßige gitterförmige Anordnung von Energieflusslinien (Energiemeridianen). Deren Kreuzungspunkte üben häufig gesundheitsschädliche Einflüsse auf den Menschen aus (wie im Fall des Hartmann- und Currygitters), können jedoch auch energetische Kraftpunkte sein (wie im Fall des Gitters des Vastupurusha-Mandala).

12

Die vier geometrischen Gesetze

5. Die Wirkung von Proportionen
Ganzzahlige Proportionen, wie z. B. 2 : 1 oder 3 : 4, erzeugen ein harmonisches Energiefeld.

6. Die Wirkung von Maßen
Die Einheiten des natürlichen Vasati-Maßsystems folgen einem zyklischen energetischen Rhythmus, der durch die Zahl Acht bestimmt wird.

7. Energielinien und -punkte des Raumes
Der Raum besitzt ein Energienetzgitter[2] mit energetischen Schlüsselpunkten, das durch seine Begrenzungen definiert wird.

8. Energiequalität von Gitterfeldern
Der Raum wird in 81 Felder unterschiedlicher Energiequalität unterteilt, die wiederum in fünf konzentrischen Ringen angeordnet sind.

Die vier Gesetze der Informationsebene

9. Die Strahlungsqualität der acht Himmelsrichtungen
Jede der acht Himmelsrichtungen wird von einem der neun Planeten beherrscht.

10. Einfluss der Planeten im Wohnraum und im Leben der Bewohner
Sowohl die einzelnen Aspekte des Wohnraumes und der Raumfunktionen als auch die verschiedenen Lebensbereiche seiner Bewohner werden von den Strahlungsqualitäten der neun Planeten beeinflusst.

11. Die Wechselwirkung der Planeten
Dieses Gesetz beschreibt die wechselseitigen Beziehungen der neun Planeten. Ein Planet ist dem anderen entweder freundlich, neutral oder feindlich gesonnen.

12. Die Bestimmung der individuellen Himmelsrichtungsqualitäten
Entsprechend der individuellen Strahlungsresonanz haben die acht Himmelsrichtungen auf jeden Menschen eine individuelle Wirkung.

13

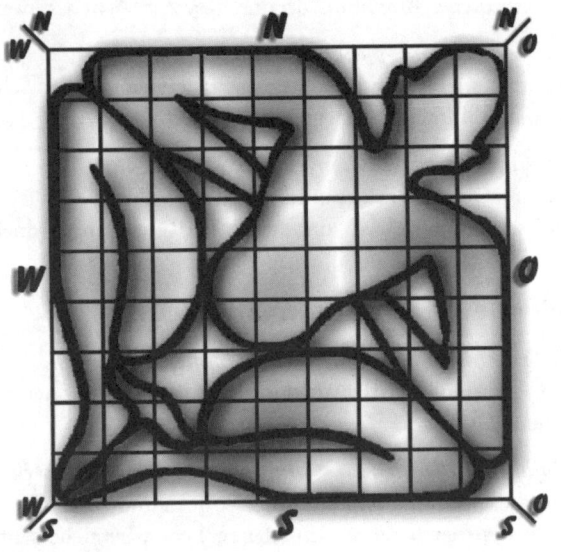

Vastu-Purusha

KAPITEL II

Die vier energetischen Gesetze des Vasati

Das erste energetische Gesetz des Vasati

1. Der geophysikalische Energiefluss
Auf der Erde fließen die Lebensenergien aus dem Norden in Richtung Süden und aus dem Osten in Richtung Westen.

Das *erste energetische Gesetz des Vasati* ist geophysikalischer Natur und beschreibt den globalen Energiefluss auf dem Planeten Erde. Die Forschungen europäischer Naturforscher wie Viktor Schauberger, Wilhelm Reich und Karl Freiherr von Reichenbach haben gezeigt, dass der gesamte Planet Erde von einem Energiefluss aus dem Norden in Richtung Süden und einem zweiten aus dem Osten in Richtung Westen durchströmt wird. Diese beiden Energieströme sind von unterschiedlicher Qualität und Herkunft.

Der Energiefluss aus dem Norden folgt den magnetischen Feldlinien und hat seinen Ursprung im organischen Leben der Erde selbst. Seine Qualität ist kühlend, nährend, weiblich, Substanz bildend, heilend und aufbauend. Diese Qualitäten entsprechen denen des magnetischen Feldes im Gegensatz zu denen des elektrischen Feldes, das nach den physikalischen Gesetzen bei einer elektromagnetischen Welle senkrecht auf den magnetischen Feldlinien steht.

Der aus dem Osten in Richtung Westen fließende Energiestrom entspricht daher von seiner Qualität dem elektrischen Feld und hat seinen Ursprung in der Drehung der Erde und der relativen Bewegung zwischen Erde und Sonne. Während die aus dem Norden in Richtung Süden fließende Energie als organische Lebensenergie bezeichnet wird, heißt dieser aus dem Osten kommende Energiestrom solare Lebensenergie. Seine Qualität ist erwärmend, vitalisierend, männlich und beschleunigend.

Beide Energiequalitäten ergänzen einander zu der einen Lebensenergie, die das gesamte Spektrum lebensfördernder Prozesse darstellt.

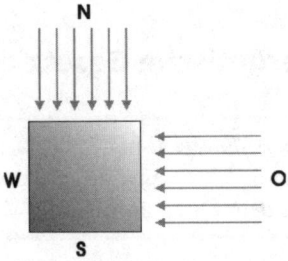

Die globalen geophysikalischen Energieflüsse

Die Dynamik des Energieflusses innerhalb des Grundstücks leitet sich von einer einfachen Regel der Vektorrechnung ab, welche die Addition zweier Vektoren[2] beschreibt.

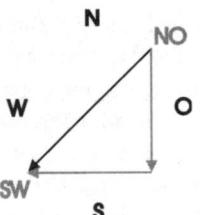

Addition der globalen Energieflussrichtungen

Demnach addieren sich die beiden Energieflussrichtungen aus dem Norden und Osten zu *einem* Energiefluss, der aus dem Nordosten in Richtung Südwesten fließt. Hierdurch wird der horizontale Energiefluss auf einem Grundstück, in einem Haus oder in einem

16

einzelnen Raum bestimmt. Da im Zentrum eines beliebigen Raumes oder Grundstücks ein starker vertikaler Energiefluss zwischen oben und unten besteht, strömt der aus dem Nordosten kommende Energieflussvektor leicht gekrümmt um das Zentrum herum und fließt auf diese Weise über den Nordwesten beziehungsweise den Südosten in Richtung Südwesten.

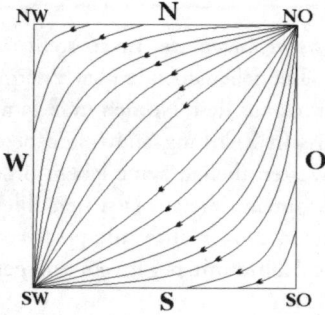

Der Energiefluss in der Raumebene

---

[2] Ein Vektor ist in diesem Zusammenhang eine pfeilartige Darstellung eines Energieflusses, dessen Richtung die Flussrichtung der Energie und dessen Länge die Energiemenge festlegt.

Das zweite energetische Gesetz des Vasati

2. Die Energiepotenzial-Bereiche
Jede Raumfläche wird in eine Hälfte mit positivem energetischen Potenzial und eine Hälfte mit negativem Potenzial unterteilt. Die nordöstliche Hälfte besitzt positives und die südwestliche Hälfte negatives Potenzial.

Das *zweite energetische Gesetz des Vasati* steht mit dem ersten in enger Verbindung. Die lebensspendenden Energien erreichen ein beliebiges Grundstück aus dem Norden und dem Osten und werden bei ihrem Fluss in Richtung Südwesten bereits verdaut. Aus dem Süden und Westen fließen keine lebensfördernden Energien in das Grundstück hinein. Hieraus lässt sich ableiten, dass das gesamte Grundstück in eine Hälfte mit positivem energetischen Potenzial und eine Hälfte mit negativem energetischen Potenzial unterteilt werden kann.

Der positive Bereich umfasst den Norden, Nordosten und Osten, während der Süden, Südwesten und Westen dem Bereich des negativen energetischen Potenzials angehören. Das bedeutet nicht, dass die Energien im Süden und Westen prinzipiell lebensschwächend sind, während im Norden und Osten immer lebensstärkende Energien anzutreffen sind, sondern hierdurch wird lediglich das Potenzial der jeweiligen Sektoren aufgezeigt. Äußere Umstände, Dinge, die dort platziert werden, Menschen, die dort leben, Gebäude und natürliche Einflüsse können das jeweilige Potenzial zum Positiven und auch zum Negativen hin beeinflussen. Ein Grundstück beziehungsweise ein Gebäude, das im Einklang mit den Gesetzen des Vasati gestaltet und errichtet wird, manifestiert in all seinen Bereichen positive Energien, auch im Bereich negativen Energiepotenzials.

---

[3] Mit Potenzial ist die latente Energie eines bestimmten räumlichen Bereiches gemeint, d.h. die Energie, die sich manifestiert, wenn dieser Bereich aktiviert wird (z. B. durch Fenster, Türen oder Wasser). Ein Potenzialsprung ist ein plötzlicher Übergang aus einem Bereich positiven in einen Bereich negativen Potenzials).

18

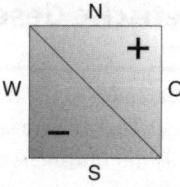

Die Bereiche mit negativem und positivem Energiepotenzial

Hieraus leitet sich ein weiteres dynamisches Grundprinzip ab, das beschreibt, wie die Lebensenergie aus dem Bereich des positiven Energiepotenzials in den Bereich des negativen Energiepotenzials hineinfließt. Dieses geschieht auf der Nordwest-Südost-Diagonalen sowohl im Südosten als auch im Nordwesten. In diesen Bereichen setzt die fließende Lebensenergie durch den dort stattfindenden negativen Potenzialsprung[3] Energie frei, die im Nordwesten in Form von äußerer Bewegung und im Südosten in Form von innerer Energie, das heißt Wärme oder Feuer zum Ausdruck kommt. Grundlage für diese energetische Polarität ist wiederum die Aufteilung des Raumes in zwei verschiedene Hälften.

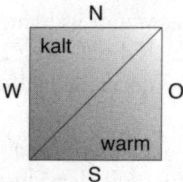

Aufteilung des Raumes in einen warmen und einen kalten Bereich

Der den Süden und den Osten umfassende südöstliche Bereich steht unter dem Einfluss der Sonne und wird als warmer Sektor bezeichnet, während der den Westen und Norden umfassende nordwestliche Bereich unter dem Einfluss des Mondes steht und als kalter Sektor bezeichnet wird. Der Nordwesten fördert die Bewegung und den dynamischen Austausch, während der Südosten Wärmeprozesse und das Element Feuer fördert.

19

Das dritte energetische Gesetz des Vasati

3. Starke und schwache Bereiche
Jede Seite des Energiefeldes besitzt eine starke und eine schwache Hälfte. Hierbei gilt jeweils die nördliche beziehungsweise östliche Hälfte als der starke Bereich.

Auch das *dritte energetische Gesetz des Vasati* hängt mit dem qualitativen Unterschied zwischen den lebensstärkenden Richtungen Norden und Osten auf der einen Seite und den beiden energetisch schwächeren Richtungen Süden und Westen auf der anderen Seite zusammen. Dementsprechend lässt sich jede Seite eines parallel zu den Haupthimmelsrichtungen ausgerichteten Rechtecks wieder in einen energetisch starken und schwachen Bereich unterteilen. Auf jeder Seite ist daher die nördliche beziehungsweise östliche Hälfte energetisch stärker als die westliche beziehungsweise südliche Hälfte. Folglich ist im Osten die nordöstliche Hälfte energetisch stärker als die südöstliche Hälfte, während im Süden die südöstliche Hälfte als stärker gilt als die südwestliche Hälfte. Das gleiche Prinzip kann auf die westliche Seite angewandt werden, in der die nordwestliche Hälfte energetisch stärker als die südwestliche ist, und auch auf der nördlichen Seite ist die nordöstliche Hälfte der nordwestlichen energetisch vorzuziehen.

Aus dieser einfachen Grundregel lassen sich wichtige praktische Schlussfolgerungen ableiten, die den Fluss der Energien innerhalb eines Grundstücks beziehungsweise Hauses und auch den Zufluss der Energien auf ein Grundstück regeln.
Strassen, die direkt auf ein Grundstück zielen, sind als positiv zu bewerten, wenn sie in einem starken Bereich auf das Grundstück treffen, während sie als ungünstig betrachtet werden, wenn sie in einem schwachen Bereich auf das Grundstück treffen. Das gilt sowohl für Sackgassen als auch für Strassen, die direkt vor dem Grundstück im rechten Winkel in die eine oder andere oder sogar in beiden Richtungen abbiegen.

20

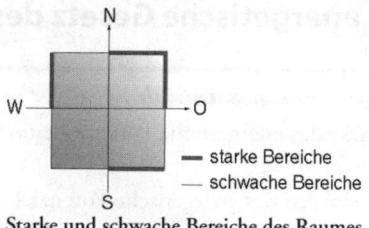

Starke und schwache Bereiche des Raumes

Eingänge, Türen und Fenster sollten sich am besten prinzipiell in starken Bereichen des Hauses beziehungsweise eines einzelnen Raumes befinden, um zu gewährleisten, dass überwiegend positive Energien in das Haus beziehungsweise auf das Grundstück einfließen. Auch Türen, die gegenüber in einer Reihe angeordnet sind, werden als günstig angesehen, wenn sie sich in einem starken Bereich des Hauses befinden und ihre Energieflussrichtung parallel zur Ost-West- oder Nord-Süd-Achse liegt. Während im Feng Shui eine solche Gegenüberstellung von Türen und Fenstern nicht generell als besonders günstig bewertet wird, wird diese Situation im Vasati auf der Grundlage des dritten Gesetzes differenzierter betrachtet. Energieflussrichtungen entlang der Diagonalen der Nebenhimmelsrichtungen z. B. aus dem Nordwesten in Richtung Südosten sind entsprechend zu vermeiden.

21

Das vierte energetische Gesetz des Vasati

4. Veränderung des Energiepotenzials

a) Wasser verstärkt das energetische Potenzial eines Sektors (räumlicher Bereich).

b) Gewichte verringern das energetische Potenzial eines Sektors.

c) Das energetische Potenzial eines Sektors wird umso stärker erhöht, je mehr Raum in einer bestimmten Richtung sowohl vertikal als auch horizontal zur Verfügung steht.

Das *vierte energetische Gesetz des Vasati* beruht auf dem zweiten Gesetz, das einen beliebigen Raum in einen Bereich von positivem und einen Bereich von negativem Energiepotenzial unterteilt und umfasst drei Prinzipien. Sie zeigen, wie sich das jeweilige Energiepotenzial unter dem Einfluss von Wasser (*erstes Energieprinzip*), unter dem Einfluss von Gewichten (*zweites Energieprinzip*) und unter dem Einfluss des zur Verfügung stehenden Raumes (*drittes Energieprinzip*) verhält.

Das *erste Energieprinzip* besagt, dass Wasser, das sich in einem bestimmten Sektor befindet, das energetische Potenzial dieses Sektors verstärkt. Befindet es sich in einem Bereich mit positivem energetischen Potenzial, so erhöht sich damit die positive Energie dieses Bereiches. Befindet sich Wasser jedoch in einem Bereich mit negativem energetischen Potenzial, so wird dadurch die negative Energie dieses Sektors gefördert. Wasser ist somit ein Energiespeicher und Energieverstärker, der Energien aufnehmen und zu einem späteren Zeitpunkt verstärkt wieder abgeben kann. Diese Eigenschaft des Wassers wird von Wasserforschern wie Viktor Schauberger, Theodor Schwenk und der modernen Biophotonen-Forschung (Popp, Ludwig) bestätigt.

Aus diesem einfachen Gesetz lässt sich eindeutig ableiten, in welcher Richtung des Grundstücks Wasserbehälter, Teiche oder Zisternen platziert werden sollen. Wasser im Norden, Nordosten und

Osten fördert im allgemeinen die positiven Energien, während Wasser im Süden, Westen oder Südwesten eher negative Energien anzieht und fördert.

Das *zweite Energieprinzip* beschreibt die Wirkung von Gewichten auf das Energiepotenzial eines bestimmten Sektors. Ein Gewicht vermindert das energetische Potenzial des Sektors, auf dem es sich befindet. Daraus lässt sich die Regel ableiten, dass schwere Gegenstände beziehungsweise Gewichte am besten im Süden, Westen oder Südwesten eines Grundstücks beziehungsweise Gebäudes platziert werden, um das dort befindliche negative Potenzial zu reduzieren. Im Nordosten, Osten und Norden sollte man schwere Gewichte beziehungsweise Gegenstände jedoch vermeiden, um den Energiefluss in diesen Richtungen nicht zu belasten. Hieraus lässt sich ableiten, dass der Schwerpunkt eines jeden Raumes, Gebäudes und auch Grundstücks prinzipiell in Richtung Südwesten liegen sollte.

Das *dritte Energieprinzip* beschreibt die Wirkung des vorhandenen Raumes auf das energetische Potenzial eines bestimmten Bereiches. Das allgemeine Prinzip lautet, dass das energetische Potenzial umso stärker wird, je mehr Raum es sowohl vertikal als auch horizontal zur Verfügung hat. Ist beispielsweise im Osten eines Hauses auf dem Grundstück mehr Platz als im Westen, so hat das positive Energiepotenzial des Ostens auch mehr Raum zur Entfaltung als das negative im Westen. Damit fällt allein schon durch die Lage des Hauses auf dem Grundstück die energetische Bilanz günstiger aus. Befindet sich das Haus analog dazu weiter im Süden als im Norden, nimmt der Süden des Grundstücks weniger Platz als der Norden ein, so dass sich das positive energetische Potenzial des Nordens stärker manifestieren kann als dessen negatives Gegenstück im Süden.

Aus dieser Grundregel lässt sich ebenfalls ableiten, dass sich Gebäude auf dem Grundstück eher in Richtung Südwesten befinden sollten, sodass nicht nur eine günstige Gewichtsverteilung, sondern auch eine förderliche Raumaufteilung gewährleistet ist. Daraus ergibt sich außerdem, dass sich im Nordosten eines Hauses größere Räume befinden sollten als im Südwesten. Die gleiche Regel ist jedoch nicht nur auf die horizontale Ausdehnung des Raumes, sondern auch auf seine vertikale Ausdehnung zu beziehen. Dementsprechend sollte das Grundstück im Osten niedriger liegen als im Westen, sodass das positive energetische Potenzial des Ostens dort mehr Raum in der vertikalen Richtung zur Verfügung hat als im Westen und damit die energetische Gesamtbilanz wiederum positiv ist.

Entsprechend sollte auch der Norden niedriger liegen als der Süden, sodass die dort vorhandenen Energien des positiven Energiepotenzials mehr Platz zur Verfügung haben als die des negativen energetischen Potenzials im Süden. Hieraus ergibt sich, dass der Südwesten auf dem Grundstück im Idealfall den höchsten Punkt bilden sollte, wobei das Grundstück sowohl in Richtung Norden als auch in Richtung Osten und insgesamt in Richtung Nordosten leicht abfallen sollte. Der Nordwesten braucht mehr Raum als der Südosten, da im Nordwesten die Bewegung im Äußeren vollzogen wird, während sie sich im Südosten im Inneren in Form von Wärme beziehungsweise Feuer manifestiert. Daher sollte der Nordwesten etwas tiefer liegen als der Südosten und weniger stark mit Gewichten belastet werden, da diese die äußere Bewegung behindern.

Nicht nur die Frage des Gefälles und die Frage der Positionierung der Baukörper auf dem Grundstück wird mit Hilfe dieses vierten Gesetzes gelöst, sondern auch die Frage, in welcher Richtung Erweiterungen eines Raumes, eines Gebäudes oder des Grundstücks als positiv und in welcher sie als negativ zu bewerten sind. Hieraus ergibt sich, dass Erweiterungen im Nordosten eines Raumes beziehungsweise Grundstücks prinzipiell günstig, dagegen im Süden, Südwesten oder Westen weniger günstig zu bewerten sind.

24

Praktische Schlussfolgerungen aus den energetischen Gesetzen

Aus der Gesamtheit dieser vier energetischen Gesetze des Vasati lässt sich eine Vielzahl einzelner Regeln für die Gestaltung eines Grundstücks, eines Gebäudes oder die Einrichtung eines Raumes ableiten. So sollten beispielsweise weder im Norden noch im Osten eines Grundstücks hohe Bäume stehen, während sie – ebenso wie massive Nebengebäude – im Süden, Südwesten oder Westen eines Grundstücks durchaus einen günstigen Einfluss ausüben. Ein Wasserlauf im Norden sollte demgemäß aus dem Westen in Richtung Osten fließen, so dass er dem im Vasati als positiv angesehenen West-Ost-Gefälle folgt. Entsprechend sollte ein Wasserlauf im Osten des Grundstücks aus dem Süden in Richtung Norden fließen, um die Energien des Grundstücks positiv zu beeinflussen.

Die Fensterflächen im Norden und Osten eines Gebäudes sollten zusammen die gesamte Fensterfläche im Südes und Westen nicht unterschreiten. Hierdurch wird gewährleistet, dass die lebensfördernden Energien des Nordens und Ostens auf genügend große Öffnungen treffen, während die Einflüsse des negativen energetischen Potenzials im Süden und Westen nicht zu stark im Haus wirksam sind.

Auch Fragen, die die Lage verschiedener Raumfunktionen innerhalb eines Hauses betreffen, können auf der Grundlage dieser vier energetischen Gesetze beantwortet werden. Die Küche, in der Speisen gekocht und energetisiert werden, befindet sich am besten im Südosten, wo ausreichend Energie dafür zur Verfügung steht. Auch der Nordwesten ist für diesen Zweck geeignet, da in diesem Bereich durch den dort stattfindenden energetischen Potenzialsprung Energien freigesetzt werden. Der Süden, Südwesten und Westen sind als Orte für die Küche nach Möglichkeit zu vermeiden, da ihr negatives energetisches Potenzial die Lebensmittel nicht beeinflussen sollte.

Wird ein Grundstück beziehungsweise Haus im Einklang mit diesen vier energetischen Prinzipien gestaltet, so kann sich das negative Energiepotenzial nirgendwo im Haus oder auf dem Grundstück manifestieren, sodass alle Bereiche des Wohnraumes von positiver, lebensfördernder Energie erfüllt sind. Allgemein eignen sich der Süden, Südwesten und Westen aufgrund der Schwere und Tiefe ihrer Energiequalität besonders gut zum Schlafen. Der Südwesten verleiht allem, was dort platziert wird, Gewicht, sodass er beispielsweise für den Hausherrn oder die älteren Bewohner des Hauses zur Verfügung stehen sollte. Die leichten und frischen Energien des Nordostens, der als „Tor zur Raumenergie" bezeichnet werden kann, eignen sich hingegen nicht zum Schlafen. Er wird besser für intellektuelle Tätigkeiten, Meditation oder als allgemein offener Wohnraum genutzt.

---

[4] Ein Interferenzmuster ist ein beständiges geometrisches Muster, das entsteht, wenn mehrere Wellen aufeinandertreffen und sich überlagern. Solche Muster sind beispielsweise auf Seen oder am Strand sichtbar, wo sich die auf den Strand zulaufende und die vom Strand reflektierte Welle überlagern und eine beständige Form bilden.

KAPITEL III

Die vier geometrischen Gesetze des Vasati

Die ersten vier Gesetze des Vasati beschreiben die Energiefelder, die sich auf einem Grundstück, in einem Haus oder einem beliebigen Raum ausbilden. Die Qualität der jeweiligen Felder hängt entscheidend von der Geometrie des jeweiligen Raumes oder Grundstücks ab. Das *erste und zweite geometrische Gesetz des Vasati* beschreibt, auf welche Weise die Proportionen und Maße die Raumqualität beeinflussen. Diesen beiden Gesetzen liegen die physikalischen Schwingungs- und Resonanzgesetze zu Grunde, die Auskunft darüber geben, bei welchen Proportionen und Maßen sich unter welchen Umständen ein harmonisches Schwingungsfeld ergibt.

Das *dritte und vierte geometrische Gesetz des Vasati* beschreibt die innere Geometrie der sich ausbildenden Energiefelder. Jedes räumlich begrenzte Feld besitzt ein inneres Interferenzmuster[4], das markante Punkte, Linien und Flächen umfasst. Die Bedeutung und Qualität dieser geometrischen Elemente innerhalb des Raumes wird durch das dritte und vierte geometrische Gesetz beschrieben.

Das erste geometrische Gesetz des Vasati

5. Die Wirkung von Proportionen
Ganzzahlige Proportionen, wie z. B. 2:1 oder 3:4, erzeugen ein harmonisches Energiefeld

Das *erste geometrische Gesetz des Vasati* besagt, dass sich nur in regelmäßig geformten Räumen mit überwiegend ganzzahligen Proportionen, d. h. Seitenverhältnissen harmonische Energiefelder ausbilden

27

können. Das Gesetz der ganzzahligen Intervalle ist bereits aus der Akustik beziehungsweise der Musiklehre bekannt. Intervalle wie 1 : 2 (Oktave), 2 : 3 (Quinte) oder 3 : 4 (Quarte) werden als harmonisch empfunden, während schon leichte Abweichungen von den reinen Intervallen die Klarheit und Reinheit des Klanges vermindern. Dementsprechend werden im Vasati bei Rechtecken ganzzahlige Seitenverhältnisse wie 4 : 4 (Quadrat) oder 4 : 5 bevorzugt. Auch andere Proportionen, die sich von der Viertelung der Seitenlängen ableiten, wie die Seitenverhältnisse 4 : 6 und 4 : 7, ergeben harmonische Raumenergien, da der Raum über die Zahl Vier beziehungsweise die Zahl Acht strukturiert wird. Die mit einer bestimmten Proportion erzielte Qualität entspricht der musikalischen Tonqualität des ihr entsprechenden Intervalls. Nachfolgend wird die Verwendung harmonikaler Proportionen im Vasati detaillierter behandelt.

Proportionen im Vasati

Als Proportion wird im Vasati das Verhältnis zweier Strecken zueinander bezeichnet. Das Auge setzt diese miteinander im Beziehung und entwickelt daraus einen qualitativen Eindruck, welcher der Klangqualität eines Intervalls in der Musik entspricht. Ebenso wie vom inneren Ohr des Menschen bestimmte Intervalle als harmonisch und andere als dissonant empfunden werden, so nimmt das Auge bestimmte Streckenverhältnisse als harmonisch und andere als disharmonisch wahr. Dieses Seh- und Hörempfinden ist jedoch subjektiv und bis zu einem gewissen Grad von Übung und kultureller Prägung abhängig.

Unabhängig von subjektiven Hörempfindungen existieren jedoch universelle Gesetze, die die qualitative Wirkung von Proportionen beziehungsweise Intervallen auf lebendige Systeme beschreiben. Diese Gesetze werden unter dem Begriff der Harmonik zusammengefaßt. Über die Harmonik wird eine Art Harmonie zwischen dem geistigen und dem materiellen Bereich der Welt hergestellt. Die Zahl ist der Mittler beziehungsweise die Sprache, in der diese Harmonie zum Ausdruck kommt.

28

Ragas

Eine Raga ist eine Folge von 5 bis 11 Teiltönen *(shruttis)*, die eine ganz bestimmte Empfindung vermittelt. Sie bildet ein Harmonie-system mit einer unverwechselbaren individuellen Qualität. Bei ei-ner Raga beziehen sich alle Töne auf den tiefsten Ton, der als Grund-ton bezeichnet wird und immer mitschwingt. Der Grundton liefert dem Hörer die Orientierungsgrundlage, um die Qualität der ande-ren Töne der Raga bewerten zu können. Die Teiltöne einer Raga werden aus den 66 Unterteilungen der Oktave ausgewählt, von de-nen 22 tatsächlich in der Praxis verwendet werden. Jede Raga ent-spricht durch die spezifische Auswahl der Teiltöne einem bestimm-ten Schwingungsaspekt der Natur, einer Tages- oder Nachtzeit, Jahreszeit, Zeitqualität usw.

Ragas in der Architektur

Der Natur liegt eine göttliche Ordnung zu Grunde, die sich sowohl in der Musik als auch in der Architektur widerspiegeln sollte. Ein größtmögliches Maß an Ordnung bewirkt in der Architektur ein Höchstmaß an Raumqualität, was sich direkt in der lebensför-dernden Wirkung des Raumes auf seine Bewohner auswirkt. Die Ragas bilden in der Musik das Ordnungssystem, nach dem die qua-litative Wirkung einer bestimmten Intervallfolge auf den Menschen bestimmt wird. Sie könnten ebenso als Ordnungssystem in der Ar-chitektur gelten, um die Wirkung einer in Zusammenhang stehen-den Gruppe von Proportionen auf die Raumqualität und damit auf die Bewohner zu definieren. Liegt einem solchen System von ge-ordneten Seitenverhältnissen noch ein einheitliches Maßsystem zu Grunde, ist ein Höchstmaß an harmonikaler Ordnung erreicht.

Struktur einer Raga

Der Grundton wird als *sa* bezeichnet und ist die vierte *Shrutti*. Er stellt im allgemeinen den Ton dar, der sich am einfachsten singen lässt. An diesen Grundton werden alle anderen Intervalle gemessen. Er bildet die Einheit 1. *Sa* wird als *Chandovati* bezeichnet. Die an-deren Töne einer Raga leiten sich von diesem Ton ab, indem eine

Saite mit der Länge 1, die dem *sa* entspricht, in einem bestimmten Verhältnis geteilt wird. Dieses Prinzip entspricht dem pythagoräischen Monochord. Je kürzer die Saite wird, desto höher erklingt der Ton. Die Halbierung der Saite ergibt wiederum den gleichen Grundton in der Oktave. Über die Saitenlänge des Grundtones und das System ihrer Unterteilungen wird der Zusammenhang zwischen Intervallen in der Musik und Längen und Proportionen in der Architektur deutlich. Die folgende Tabelle listet alle gebräuchlichen *Shruttis* auf:

Nr.	Saitenlänge	Quotient	Name	Qualität	Ton	Uhrzeit
4	1	1/1	Chandovati	zentral, wild	C	3.15
5	0,949	128/135	Dayavati	zärtlich, sympathisch	Cis	
6	0,9375	15/16	Rajani	farbig, ausschweifend	Des	6.18
7	0,900	9/10	Ratika	wollüstig, genießerisch, grün, orange	D-	9.21
8	0,889	8/9	Roadri	brennend, schrecklich	D	9.21
9	0,844	27/32	Krodha	zornig	Dis+	12.24
10	0,833	5/6	Vajrika	streng, unverschämt, reich, golden	Es	12.24
11	0,800	4/5	Prasharini	durchdringend, schüchtern	E-	9.21
12	0,790	64/81	Priti	schwärmerisch, verliebt	E+	
12	0,781	25/32				
13	0,750	3/4	Marjani	reinigend, weiß	F	6.12 und 18.24
14	0,741	20/27	Kshiti	schwächend, zerstörend	F++	
15	0,703	45/64	Rakta	leidenschaftlich, rot, aktiv	Ges	6.12 und 18.24
16	0,675	27/40	Sandipani	begeisternd, anregend	G-	
17	0,667	2/3	Alapani	sprechend, plaudernd, Mond	G	3.15
18	0,633	81/128	Mandati	frühlingshaft, sympathisch, berauschend	As	

30

19	0,625	5/8	Rohini	junges Mädchen, sympathisch, Entwicklung	As+	6.18
20	0,600	3/5	Ramya	beruhigend, bequem, gelb	A-	9.21
21	0,592	16/27	Ugra	erschreckend, grausam	A+	
22	0,563	9/16	Kshobhini	aufgeregt, unentschlossen	B	12.24
1	0,556	5/9	Tivra	intensiv, stechend, Genie	B+	6.12 und 18.24
2	0,533	8/15	Kumudvati	rein, weißer Lotus, Wasser (blau)	H-	
3	0,527	135/256	Manda	langsam, Saturn, pervers, gelb	H+	9.21
4	0,500	1/2	Chandovati	zentral, wild	C	3.15

Diese 22 Töne bilden das Grundgerüst des harmonikalen Bauens. In der Architektur gibt es jedoch auch eine ganze Reihe von Proportionen, die nicht als solche ganzzahligen Verhältnisse in Erscheinung treten, wie beispielsweise die Diagonale eines Quadrates (1,414...) oder der goldene Schnitt (1,618...).

Die *Shruttis* 4 (Grundton), 13 (Quarte) und 17 (Quinte) nehmen eine Sonderstellung ein:

Shrutti 13 Marjani gilt als besonders glückverheißend, da sie dem Gott Vishnu zugeordnet ist und damit die Grundlage der Schöpfung repräsentiert.

Shrutti 4 wird dem Schöpfer Brahma zugeordnet, während *Shrutti* 17 Shiva entspricht.

Die praktische Umsetzung harmonikaler Maße

Damit ein Haus eine unterstützende Wirkung auf die spirituelle Entwicklung seiner Bewohner ausüben kann, sind Grundton (Nr. 4), Quarte (Nr. 13: 3 : 4) und Quinte (Nr. 17: 2 : 3) hervorzuheben. Ragas, die diese Töne vorwiegend verwenden, sind in der Musik vor allem der Zeit vor Tagesanbruch und der Zeit vor der Abenddämmerung zugeordnet, d. h. Zeiten, in denen Meditation sehr begünstigt wird. Bei der Verwendung eines *Shrutti* werden nicht automatisch all seine Eigenschaften aktiviert, sondern diese hängen vor allem von seinen harmonikalen Nachbarn ab.

Beispielsweise hat die Raga Malakosha (4, 10, 13, 19 und 11) ebenfalls die Töne 4 und 13, während jedoch 17 fehlt. Seine Qualität ist von gänzlich anderer Natur, nämlich: Tapferkeit, Wildheit, Schmerz, Klage.

Die drei Hauptdimensionen eines Raumes: Länge, Breite und Höhe sind im Idealfall Teiltöne der Raga. Weiterhin sollten auch die Nutzung oder Funktion des Raumes berücksichtigt werden. Die Qualität der jeweiligen Raga sollte mit der angestrebten Raumfunktion übereinstimmen beziehungsweise diese unterstützen.

Beispiel für ein nach harmonikalen Prinzipien geplantes Einfamilienhaus

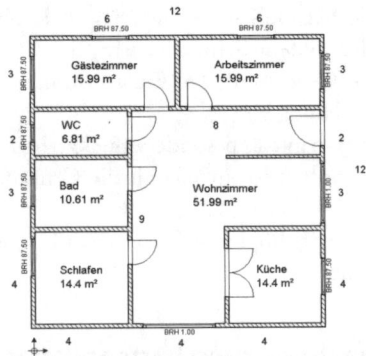

Schematischer Grundriss des Erdgeschosses

In diesem Grundriss treten nur ganzzahlige Teiler der Zahl 12 (also 2, 3, 4 und 6) und deren Vielfache auf, so dass sich ein klares und einfaches harmonikales System ergibt. Die Saitenlänge des quadratischen Hauses beträgt 12 m und bildet den Grundton. Auf diesen

32

Ton werden alle anderen Maße bezogen. Im Gästezimmer und im Arbeitszimmer im Nordwesten und Nordosten werden nur oktavierte Maße des Grundmaßes angewandt (3 und 6 sind Oktaven von 12, da sie sich jeweils aus der Teilung mit dem Faktor 2 ergeben). Die Zahl 1 bestimmt die Qualität von Schlafzimmer und Küche, die ebenfalls wieder quadratische Formen besitzen. Die 4 steht zum Grundmaß 12 im Verhältnis einer Quinte (Verhältnis $2:3$ beziehungsweise dessen Oktave). Damit stehen auch seine Oktaven 2 und 8 zur 12 in dem gleichen Quintverhältnis. Auch 2 und 3 sowie 4 und 6 bilden Quinten. Eine weitere wichtige Proportion bildet hier die Quarte $(3:4)$, die in dem durch einen Raumteiler im Osten abgetrennten Esszimmer vorherrscht. Lediglich die Seitenmaße des gesamten Wohnzimmers bilden mit der Proportion $8:9$ eine Ausnahme der klaren harmonikalen Struktur. Da dieses Verhältnis jedoch nur einmal auftaucht und nicht klar in Erscheinung tritt, wie die Abbildung zeigt, spielt es eine untergeordnete Rolle. Es entspricht der *Shrutti* Roadri, deren Qualität brennend ist und dem Element Feuer zugehörig ist.

Diese Qualität korrespondiert mit der Küche. Indem man die Küche ebenfalls in diesem Verhältnis gestaltet, kann man die einfache harmonikale Struktur dieses Hauses differenzieren.

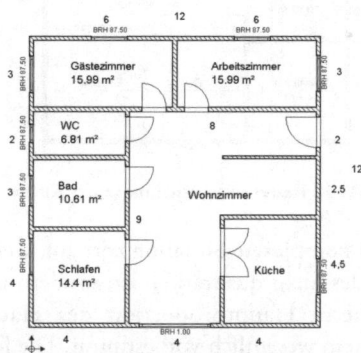

Die Form der Küche wird der des Wohnzimmers angepasst, sodass dort ebenfalls die Präsenz des Feuerelements gestärkt wird

33

Hierdurch tritt zusätzlich zu der gestärkten *Shrutti* Roadri die Quarte stärker in Erscheinung.

Die Klarheit der in diesem Fall in Erscheinung tretenden Proportionen hat ihre Ursache in der Verwendung des zu Grunde liegenden Rasters. Da hier ein 12 x 12 Raster zur Planung verwendet wurde und die Wände außer bei der Küche strikt auf den Rasterlinien platziert wurden, kommen besonders häufig die Quarten, Quinten und Oktaven vor, da die 2, 3, 4 und 6 ganzzahlige Teiler der 12 sind. Die Grundharmonik eines Hauses hängt daher sehr stark von dem zu Grunde liegenden Raster ab. Bei Verwendung des 9 x 9 Rasters des Vastupurusha-Mandala werden ebenfalls Quintverhältnisse vorherrschen, da die 3 der Hauptteiler der 9 ist. Auch die Quarte wird durch das Verhältnis 3 : 4 eine wichtige Proportion sein.

Die folgende Abbildung zeigt das zu Grunde liegende 12 x 12 Raster:

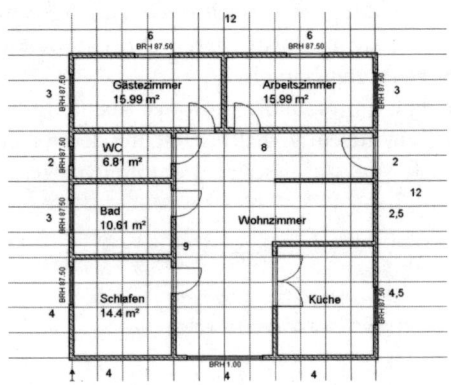

12 x 12 Raster mit Ausnahme in der Küche

Eine harmonikal komplexere Situation tritt auf, wenn die Grundform des Gebäudes nicht quadratisch ist, sondern rechteckig. Mit der Auswahl dieser Hauptproportion des Hauses wird das harmonikale System wesentlich vorbestimmt. Die folgende Abbildung zeigt eine Variante des gleichen Grundrisses, wobei die Nord-Süd-Achse von 12 auf 15 m verlängert wurde, so dass die Propor-

34

tion 1 : 1,25 (Prasharini) entsteht, die im Vasati ebenfalls sehr häufig verwendet wird.

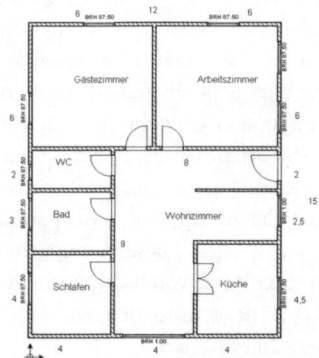

Erweiterung des Hauses um 3 m im Norden

Hierdurch gesellt sich zu der Grundseite von 12 m noch ein zweites Maß von 15 m hinzu, auf das die Einzellängen bezogen werden müssen. Vor allem die Proportionen 4 : 5 (Prasharini – durchdringend, schüchtern), 3 : 5 (Ramya – beruhigend, bequem) und 8 : 15 (Kumudvati – rein, weißer Lotus) sind zusätzlich präsent, wodurch die harmonikale Gesamtsituation eine positive Bereicherung erfährt.

Allgemein betrachtet sind rechteckige Gebäude harmonikal reicher und vielfältiger als quadratische Häuser, während letztere zumeist einfacher und klarer gestaltet werden können.

Das zweite geometrische Gesetz des Vasati

6. Die Wirkung von Maßen
Die Einheiten des natürlichen Vasati-Maßsystems folgen einem zyklischen energetischen Rhythmus, der durch die Zahl Acht bestimmt wird.

35

Das *zweite geometrische Gesetz des Vasati* beschreibt die Abhängigkeit der Raumenergiequalität von den Absolutmaßen[5], mit denen eine bestimmte Proportion verwirklicht wird. Ein Quadrat mit den Seitenverhältnissen 1 : 1 lässt sich beispielsweise mit einer Seitenlänge von 4 m, 6 m oder 20 m verwirklichen. Diese quadratischen Räume haben unterschiedliche Energiequalitäten, da sie mit den Energiefeldern in ihrem Inneren und in ihrer Umgebung unterschiedlich resonieren. Horizontale Maße sind beispielsweise in Relation mit den Maßen des Global- beziehungsweise Hartmanngitters[6] und des Currygitters[7] zu sehen, müssen jedoch gleichzeitig zu den Körpermaßen ihrer Bewohner in Beziehung gesetzt werden. Diese energetischen Maßverhältnisse werden im Vasati in einer Reihe von sechs Formeln zusammengefasst, die auf der Grundlage eines natürlichen, auf den Menschen bezogenen Maßsystems berechnet werden.

Die wichtigste Formel wird als *Yoni-Formel* bezeichnet und beruht auf der Berechnung des Umfangs der Grundfläche eines gegebenen Raumes. Dieser Umfang U wird in ganzzahligen Vielfachen von 24 cm-Einheiten ausgedrückt, die mit P *(Pada)* bezeichnet werden. Beispielsweise besitzt ein Raum mit den Seitenlängen 4,98 m mal 4,98 m einen Umfang von 19,92 m. Dieser Umfang besitzt in *Pada*-Einheiten ausgedrückt genau den Wert 83, d. h. U = 83 P.

Die Yoni-Formel zur Berechnung der Raumqualität besagt, dass dieser Umfang durch 8 geteilt wird und der Rest, der bei der Division übrig bleibt, der Raumqualität entspricht. In unserem Fall mit einem Umfang von 83 P ergibt die Division durch 8 eine 10 mit dem Rest 3. Diese Yoni-Zahl entspricht einer günstigen Raumqualität. Prinzipiell sind alle ungeraden Zahlen, die als Rest bei der Divison durch 8 übrig bleiben, günstig, während alle geraden Zahlen als ungünstig gelten. Auch die Null gilt als ungünstig.

Das gleiche Prinzip kann zur Bestimmung der Qualität eines linearen Maßes, d. h. einer Strecke angewandt werden. Hierzu bildet man das Quadrat, das die zu bewertende Strecke l als Seite besitzt, und bestimmt die Yoni-Zahl dieses Quadrates über dessen Umfang. Der Umfang des Quadrates beträgt 4 x l. Dieser wird wiederum in P ausgedrückt und durch 8 geteilt. Der Rest (eine ganze

36

Zahl zwischen 0 und 7) entspricht der linearen Yoni-Zahl der betrachteten Länge. Wiederum gilt, dass die ungeraden Yoni-Zahlen 1, 3, 5 und 7 als günstig und die geraden Yoni-Zahlen 2, 4, 6 sowie die Null als ungünstig gelten und vermieden werden sollten.

Beispielsweise besitzt ein Raum eine Länge von 4,98 m. Unabhängig von seiner Breite kann man die Qualität seiner Länge mit Hilfe der linearen Yoni-Zahl bestimmen. Zunächst multipliziert man die Länge mit 4, um den Umfang des dazugehörigen Quadrates zu bestimmen. Dieser Umfang U beträgt 19,92 m. Teilt man diesen Umfang durch 24 cm, so ergibt sich 83, was bei Teilung durch 8 einen Rest 3 und damit die lineare Yoni-Zahl 3 ergibt, die günstig ist.

Das dritte geometrische Gesetz des Vasati

7. Energielinien und -punkte des Raumes
Der Raum besitzt ein Energienetzgitter mit energetischen Schlüsselpunkten, das durch seine Begrenzungen definiert wird.

Das *dritte geometrische Gesetz des Vasati* beschreibt die innere geometrische Struktur eines Raumes. Der Raum wird von unzähligen Energiegitternetzen durchzogen, die parallel zu den Haupthimmelsrichtungen verlaufen. Das für Wohnzwecke wichtigste Energiegitter unterteilt einen rechteckigen Raum in 81 Felder gleicher Form und gleicher Größe. Die folgende Skizze zeigt die Energielinien eines solchen Gitters.

---

[5] Ein Absolutmaß ist ein mit einer Maßzahl wie Meter oder Zentimeter versehenes Maß im Gegensatz zu einer Proportion, die als Verhältnis zweier Absolutmaße keine Maßeinheit besitzt.

[6] Das Hartmanngitter ist ein regelmäßig angeordnetes System energetischer Flusslinien, die in Nord-Süd-Richtung und in Ost-West-Richtung die gesamte Erde umspannen. Im Nord-Süd-Richtung verlaufen sie im Abstand von ca. 1,95 m und in Ost-West-Richtung im Abstand von ca. 2,45 m. Die Kreuzungspunkte dieser Gitterlinien stellen pathogene Bereiche dar, die nicht dauerhaft zum Schlafen oder Sitzen aufgesucht werden sollten.

[7] Das Currygitter verläuft relativ zum Hartmanngitter um ca. 45° verdreht um den Erdglobus herum.

37

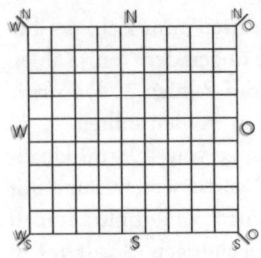

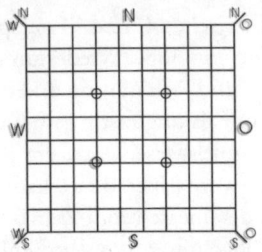

9 x 9-Energiegitternetz   Energiegitternetz mit vier
                                 energetischen Schlüsselpunkten

Die Energielinien dieses Gitters werden als Meridiane bezeichnet und ihre Kreuzungspunkte sind sensible Energiepunkte, die nicht mit schweren Gewichten, Wänden oder Konstruktionsteilen belastet werden sollten. Insbesondere vier Punkte sind besonders wichtig und gelten als die energetischen Schlüsselpunkte des Raumes. Sie werden als *Marmas* bezeichnet.

Das vierte geometrische Gesetz des Vasati

8. Energiequalität von Gitterfeldern
Der Raum wird in 81 Felder unterschiedlicher Energiequalität unterteilt, die wiederum in fünf konzentrischen Ringen angeordnet sind.

Das *vierte geometrische Gesetz des Vasati* beschreibt die Energiequalität der einzelnen Felder des gleichen Energiegitternetzes. Es teilt die 81 Felder in fünf Bereiche ein und weist diesen ihre entsprechenden Energiequalitäten zu.

Das innerste Feld besitzt die sensibelsten und feinsten Energien und sollte unter keinen Umständen bebaut werden. Dort sollte sich vorzugsweise ein freier, offener Raum befinden, der zum Entspannen oder zur Meditation genutzt werden kann. Auch die ihn umgebenen acht Felder sollten möglichst leicht und offen gestaltet werden. Hieraufhin folgen nach außen hin zwei geschlossene Reihen

38

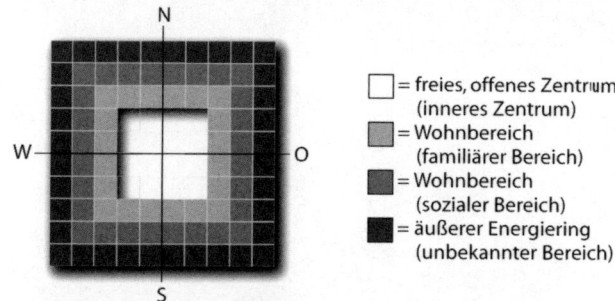

= freies, offenes Zentrum (inneres Zentrum)

= Wohnbereich (familiärer Bereich)

= Wohnbereich (sozialer Bereich)

= äußerer Energiering (unbekannter Bereich)

Die fünf energetischen Bereiche des Energiegitters

von Feldern, die besonders gut für bauliche Konstruktionen und zum Wohnen geeignet sind, während der äußerste Ring einen freien um das Haus herum verlaufenden Energiering bildet. Die folgende Abbildung zeigt ein modernes Vasati-Haus, das im Einklang mit diesen Prinzipien geplant wurde.

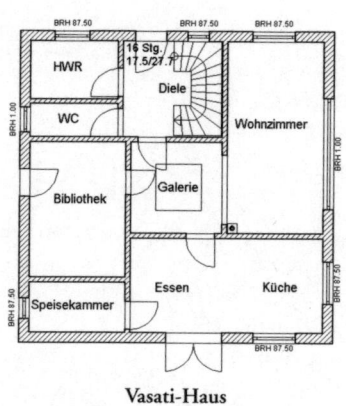

Vasati-Haus

39

KAPITEL IV

Die vier Gesetze des Vasati auf der Informationsebene

Während für die meisten praktischen Entscheidungen beim Bau eines Hauses oder bei der Einrichtung einer Wohnung die vier energetischen und die vier geometrischen Gesetze des Vasati ausreichend sind, ist durch die Anwendung der vier Grundprinzipien auf der Informationsebene eine wesentlich detailliertere und individuellere Abstimmung des Wohnraumes sowohl auf seine Umgebung als auch auf die persönlichen Bedürfnisse seiner Bewohner möglich.

Von der Sonne und aus dem Kosmos trifft ständig physikalische Strahlung auf die Erdoberfläche und beeinflusst dort die Entstehung, das Wachstum und den Wandel des Lebens. Alles Lebendige und auch die so genannte unbelebte Natur sind in diesem Strahlungsfeld der Sonne und des Kosmos entstanden. Moderne physikalische und biophysikalische Forschungen haben gezeigt, dass das Wachstum von Bäumen und anderen Pflanzen ein sensibler Indikator für kosmische Ereignisse wie z. B. eine Supernova-Explosion[8] ist. Beispielsweise haben Wissenschaftler in Sibirien nachgewiesen, dass zur Zeit einer weit entfernten Supernova-Explosion die Jahresringe von Bäumen deutlich schmaler ausfallen als in anderen Zeiträumen.

Auch die Bewegung der Planeten unseres Sonnensystems wirkt sich deutlich auf das Wachstum von Pflanzen aus, wie langjährige Forschungen anthroposophischer Wissenschaftler nachgewiesen haben. Ferner bestimmt die Strahlung der Planeten unseres Sonnensystems die Qualität des entstehenden Lebens. Beispielsweise

---

[8] Eine Supernova-Explosion ist die Explosion eines ausglühenden Sternes wie der Sonne, dessen Brennkraft versiegt ist. Bei einer solchen Explosion wird die gesamte Materie des Sternes auf einen sehr kleinen räumlichen Bereich komprimiert, den man dann als ein schwarzes Loch bezeichnet.

werden zu den Zeiten, wenn die Strahlung des Planeten Mars auf die Erde am stärksten ist, die meisten Menschen mit dem Potenzial zu Spitzensportlern geboren.

Energetisch gesehen ist die Intensität der uns von den Planeten und von anderen Himmelskörpern erreichenden Strahlung zu gering, um diese Phänomene erklären zu können. An dieser Stelle kommt jedoch das physikalische Informationsprinzip zum Tragen, wonach die Information umso stärker wirkt, je geringer die energetische Intensität ist. Beispielsweise wird ein Mensch, der in einem leeren Raum flüstert, von jedem anderen Menschen in dem gleichen Raum gehört, während keiner ein einziges Wort verstehen könnte, wenn die dort anwesenden Menschen laut durcheinander sprächen. Aus informationsvermittelnder Sprache wird somit bei zu großer Intensität Lärm, der keine Information mehr vermittelt. Ein leise gesprochenes Wort kann dagegen die Ursache einer großen energetischen Veränderung sein. Beispielsweise mag ein Anruf bei einer Abrissfirma die Ursache dafür sein, dass innerhalb von wenigen Tagen ein großes Gebäude dem Erdboden gleichgemacht wird.

Der gesamte menschliche Körper wird von einem feinen, kohärenten elektromagnetischen Feld durchdrungen, das zum größten Teil aus Licht im sichtbaren Bereich besteht. Selbst im Dunkeln können wir dieses Licht aus den Zellen unseres Körpers nicht sehen, da seine Intensität viel zu gering ist. Es besteht tatsächlich nur aus einzelnen Photonen, die unser Auge nicht wahrnehmen kann. Das Licht dieser Biophotonen unseres Körpers ist vergleichbar mit dem Licht einer Kerze, das bei absoluter Dunkelheit aus einer Entfernung von 20 Kilometern betrachtet wird.

Trotzdem bestimmt die Qualität dieses kohärenten elektromagnetischen Quantenfeldes die Gesundheit und Organisation unseres Körpers, da die Zellen und insbesondere die DNA-Moleküe unserer Zellkerne mit Hilfe dieses elektromagnetischen Feldes miteinander kommunizieren. Sie tauschen Informationen aus und können so biologische Vorgänge koordinieren. Dieses elektromagnetische Quantenfeld speichert mehr Informationen als das Erbgut aller Zellkerne zusammen. Trotz seiner geringen energetischen Intensität oder besser gesagt gerade wegen seiner energetisch geringen Intensität ist das elektromagnetische Feld des Körpers eine sensible Antenne für Informationsfelder und Strahlungen aus dem Kosmos, die Informationen tragen.

Die astrologischen Systeme aller Kulturen der Menschheit sind detailliert ausgearbeitete Systeme, welche die Informationsqualität der Strahlung, die uns zu einem bestimmten Zeitpunkt aus dem Kosmos erreicht, beschreiben. Durch diese Einsicht avanciert die Astrologie von einer esoterischen Grenzwissenschaft zu einer physikalischen Wissenschaft der Informationsebene. Insbesondere moderne physikalische Forschungen zu Skalarwellen[9] (Konstantin Meyl) bestätigen diese Zusammenhänge.

Die vier Gesetze des Vasati auf der Informationsebene beziehen sich auf die Wirkung der Strahlung von sieben Planeten und der beiden Mondknoten auf den Menschen, auf den Raum und das Haus. Sie beschreiben, wie jeder Aspekt des Wohnraumes, jeder Lebensbereich des Menschen und auch jede Himmelsrichtung von einer bestimmten Schwingungsqualität und damit einem bestimmten Planeten beherrscht wird. An dieser Stelle seien diese vier Gesetze nur kurz erwähnt.

---

[9] Eine Skalarwelle ist nach Prof. Konstantin Meyl eine elektromagnetische Welle, bei der die elektrischen und magnetischen Felder in Ausbreitungsrichtung schwingen, während sie bei einer Hertz'schen Welle senkrecht dazu schwingen. Skalarwellen bilden sich nur im Resonanzfall zwischen Sender und Empfänger und besitzen von den herkömmlichen Radiowellen abweichende Eigenschaften. Sie übertragen unabhängig von der Entfernung gezielt Energie und Information und sind biologisch sehr aktiv. Auch können sie sich schneller als das Licht ausbreiten.

Das erste Informationsgesetz des Vasati

9. Die Strahlungsqualität der acht Himmelsrichtungen
Jede der acht Himmelsrichtungen wird von einem der neun Planeten beherrscht.

Das *erste Informationsgesetz des Vasati* beschreibt die räumliche Wirkung der neun planetarischen Strahlungsqualitäten in Beziehung zu den acht Himmelsrichtungen. Das folgende Diagramm zeigt, dass in jeder Himmelsrichtung der Einfluss eines bestimmten Planeten besonders stark wahrnehmbar ist. Alles, was sich in einer bestimmten Himmelsrichtung befindet, steht damit verstärkt unter dem Einfluss des jeweiligen Planeten.

Die Planetenherrscher der acht Himmelsrichtungen

Himmelsrichtung	Beherrschender Planet
Osten	Sonne
Südosten	Venus
Süden	Mars
Südwesten	Rahu (nördlicher Mondknoten)
Westen	Saturn
Nordwesten	Mond
Norden	Merkur
Nordosten	Jupiter (Ketu – südlicher Mondknoten)

Das zweite Informationsgesetz des Vasati

10. Einfluss der Planeten im Wohnraum und im Leben der Bewohner

Sowohl die einzelnen Aspekte des Wohnraumes und der Raumfunktionen als auch die verschiedenen Lebensbereiche seiner Bewohner werden von den Strahlungsqualitäten der neun Planeten beeinflusst.

Das *zweite Informationsgesetz des Vasati* zeigt, welche Lebensbereiche und welche Bereiche und Aspekte des Wohnraumes unter dem Einfluss der neun Planeten stehen. Dieses Prinzip leitet sich sowohl aus langjährigen statistischen Studien über die Häufigkeit bestimmter Ereignisse in Zeiten starker und schwacher Planetenphasen als auch aus dem überlieferten und in der Erfahrung bestätigten Wissen astrologischer Systeme ab. Die folgende Tabelle fasst diese Zusammenhänge übersichtlich zusammen:

Planeteneinflüsse im Haus und im Leben

Planet	Beherrschter Bereich im Wohnraum	Zugeordnete Lebensbereiche
Sonne	Altarraum, Gesundheit, Fenster rechts vom Haupteingang (von innen betrachtet)	Gesundheit, Vitalität, Karriere, Willensstärke, männliche Angelegenheiten
Mond	Brunnen, Bäder, Kuhstall, Fenster links vom Haupteingang (von innen betrachtet)	Gefühle, Reisen, Bewegung, weibliche Angelegenheiten, Veränderungen
Mars	Küche, Kamin	Beruf, Durchsetzungsvermögen, männliche Belange, Forschung, Technik, Krieg
Merkur	Eingangshalle, Gästebereich, Veranda, grüne Bereiche, Büro	Kommunikation, Finanzen Geschäfte, Handel, Gäste, Kindheit, Intelligenz

Planet	Beherrschter Bereich im Wohnraum	Zugeordnete Lebensbereiche
Jupiter	Altarraum, Safe, Kinderzimmer	Kindheit, Wachstum, Gnade, Lernen und Lehren, Glück, spirituelle Befreiung
Venus	Bett, Schlafzimmer, Sofa, Wohnzimmer	Liebe, Schönheit, Komfort. Reichtum, Häuser; weibliche Belange
Saturn	Speisekammer, Esszimmer, Müllraum, Abstellraum	Alter, Zeit, Tod, Degeneration, Standhaftigkeit, Disziplin, Hunger
Rahu	Haupteingang, dunkle und große Räume, große Türen	psychische Entsprechung des Saturn
Ketu	Bad, kaputte Wände, Risse, Ausgang, kleine Türen	psychische Entsprechung des Mars, äußere Befreiung, Heiltätigkeit

Das dritte Informationsgesetz des Vasati

11. Die Wechselwirkung der Planeten
Dieses Gesetz beschreibt die wechselseitigen Beziehungen der neun Planeten. Ein Planet ist dem anderen entweder freundlich, neutral oder feindlich gesonnen.

Das *dritte Informationsgesetz des Vasati* beschreibt auf der Grundlage der überlieferten astrologischen Systeme, in welcher Wechselwirkung diese Bereiche miteinander stehen. Jeder Planet besitzt Freunde, Feinde und ihm neutral gesinnte Planeten. Auch die von den Planeten beherrschten Aspekte des Wohnraumes, die Himmelsrichtungen und die Lebensbereiche der Bewohner des Hauses treten diesem Gesetz entsprechend miteinander in Wechselwirkung.

46

Die Wechselwirkung der neun Planeten untereinander

Planet	Freunde	Neutrale	Feinde
Sonne	Mond, Mars, Jupiter	Merkur	Saturn, Venus
Mond	Sonne, Merkur, Venus, Saturn	Mars, Jupiter	
Mars	Sonne, Mond, Jupiter	Venus, Saturn, Merkur	
Merkur	Sonne, Venus	Mars, Jupiter, Saturn	Mond
Jupiter	Sonne, Mond, Mars	Saturn	Merkur, Venus
Venus	Merkur, Saturn	Mars, Jupiter	Sonne, Mond
Saturn	Merkur, Venus	Jupiter	Sonne, Mond, Mars
Rahu, Ketu	Merkur, Venus, Saturn	Mars	Sonne, Mond, Jupiter

Aus diesen drei Gesetzmäßigkeiten auf der Informationsebene ergibt sich eine Vielzahl ableitbarer Regeln, welche die Wechselwirkung zwischen der Natur, dem Haus und seinen Bewohnern bestimmen. Die folgenden Tabellen zeigen, in welchen Himmelsrichtungen nach Vasati diesen Prinzipien entsprechend die wichtigsten Raumfunktionen eines Hauses liegen sollten.

Doppelt günstige Planeten

Die folgende Tabelle ordnet den einzelnen Richtungen diejenigen Planeten und die von ihnen beherrschten Raumfunktionen zu, die mit dem Herrscher der jeweiligen Richtung in einem wechselseitig freundschaftlichen Verhältnis stehen.

47

Planeten/Raumfunktionen in freundschaftlichem Verhältnis

Mond: Bad; WC; Wasser **Sonne:** Meditations-raum; Therapieraum	**Merkur:** grüne Berei-che; Gästezimmer; Ein-gangsbereich; Rezep-tion; Studierzimmer; Kinderzimmer; Büros; Veranda **Venus:** Wohnzimmer; Schlafzimmer; Salon	**Sonne:** Meditation; Altar; Therapieraum **Jupiter:** Kinderzimmer; Safe **Mars:** Küche
Saturn: Esszimmer; Müllraum; Speicher; Speisekammer **Venus:** Wohnzimmer; Schlafzimmer; Salon	N / NW / NO / W / O / SW / SO / S	**Sonne:** Altarraum; Meditation; Therapie-raum **Mond:** Bad; Brunnen **Jupiter:** Kinderzimmer
Venus: Wohnzimmer; Schlafzimmer der Eltern **Saturn:** Müllraum; Speicher, Speise-kammer; Esszimmer	**Jupiter:** Kinderzimmer; Safe	**Merkur:** grüne Berei-che; Gästezimmer; Eingangsbereich; Rezeption; Studierzimmer; Büro; Veranda **Venus:** Wohnzimmer; Salon

Da Sonne und Jupiter wechselseitig freundliche Beziehungen un-terhalten, sind die von der Sonne beherrschten Raumfunktionen wie ein Meditationsraum oder ein Therapiezimmer im Nordosten sehr gut platziert.

Bemerkungen: Ein Haupteingang (Rahu) wird im Südwesten nicht empfohlen, da der dadurch verdoppelte Rahu-Einfluss im Südwe-sten zu stark wird.

Eine Küche (Mars) im Osten (Sonne) führt zu starken männli-chen Energien. In der Küche werden jedoch auch weibliche Energi-en (Venus oder Mond) benötigt. Daher sollte sich die Küche nicht im Osten, sondern besser im Südosten (Venus) oder Nordwesten (Mond) befinden.

Eine Küche (Mars) im Nordosten (Jupiter) muss unbedingt eine rein vegetarische Küche sein, um den spirituellen Nordosten nicht zu belasten. Auch ist ein übermäßiger Gebrauch von Feuer im Nordosten problematisch.

Ein Schlafzimmer im Süden ist zu vermeiden, da dort der doppelte Venus-Einfluss ein Übermaß an weiblichen Energien bringt und das dort vorherrschende Feuerelement die Gesundheit negativ beeinflusst. Aus dem gleichen Grunde sollte dort kein Kinderzimmer platziert werden.

Eine Küche (Mars) im Süden (Mars) führt ebenfalls zu einem Ungleichgewicht der männlichen und weiblichen Energien und einem zu starken Mars-Einfluss.

Ein Meditationszimmer oder Therapieraum (Sonne) im Süden (Mars) ist aus energetischen Gründen nicht verträglich, da diese Richtung Heilungsprozesse nicht unterstützt.

Der Safe (Jupiter) sollte im Süden des nördlichsten Raumes platziert werden, damit er sich in Richtung Norden öffnen kann.

Günstige Richtung für die Räume mit neutraler Wirkung auf die Himmelsrichtung

Mars: Küche **Jupiter:** Kinderzimmer; Safe	**Saturn:** Esszimmer; Speisekammer **Rahu:** Haupteingang	
Rahu: Haupteingang		**Merkur:** grüne Bereiche; Gästezimmer; Eingangsbereich; Rezeption; Studierzimmer; Kinderzimmer; Büro; Veranda

Bemerkungen: Ein Safe (Jupiter) im Nordwesten (Mond) bedeutet zu viel Bewegung für das Geld. Das gleiche gilt im allgemeinen auch für das Kinderzimmer.

Müllraum und Speicher im Norden (Saturn im Merkur) verbieten sich aus Sicht der energetischen Prinzipien.

Der Haupteingang im Südosten (Venus und Rahu) verbietet sich aus energetischen Gründen.

Gute Platzierungen für die Himmelsrichtung und neutral für den Raum

	Sonne: Altarraum; Meditation; Therapieraum	**Mond:** Bad
Merkur: grüne Bereiche; Gästezimmer; Eingangsbereich; Rezeption; Studierzimmer; Kinderzimmer; Büro; Veranda		
Merkur: grüne Bereiche; Gästezimmer; Rezeption; Büro	**Mond:** Bad; WC	

Bemerkungen: Ein Haupteingang im Südwesten ist aus energetischen Gründen nicht erwünscht. Ein Kinderzimmer im Südwesten (Merkur-Rahu) macht die Kinder zu beherrschend. Auch sind dort die Energien für ein Studierzimmer nicht kreativ genug. Eine Veranda im Südwesten ist aus energetischen Gründen nicht erwünscht (Rahu-Merkur).

Ein Büro im Südwesten (Rahu-Merkur) kommt vor allem als Chefbüro in Frage. Ein Brunnen (Mond) ist im Süden (Mars) aus energetischen Gründen nicht empfehlenswert. Das gleiche gilt für ein WC im Nordosten.

Insgesamt neutrale und damit verträgliche Platzierungen

	Mars: Küche	
	Venus: Wohnzimmer; Schlafzimmer; Salon **Merkur:** grüne Bereiche; Gästezimmer; Rezeption; Studierzimmer; Kinderzimmer; Büro; Veranda	**Mars:** Küche

Bemerkung: Eine Küche (Mars) im Südosten (Venus) wird vor allem deswegen empfohlen, da sich die Energien von Mars und Venus dort optimal ergänzen und in dieser Ecke das Feuerelement vorherrscht. Ein Eingangsbereich (Rahu) im Süden (Mars) ist aus energetischen Gründen nicht verträglich. Eine Küche (Mars) im Norden (Merkur) ist aus energetischen Gründen schwach. Dem Saturn zugeordnete Bereiche sind aus energetischen Gründen im Nordosten (Jupiter) nicht verträglich.

52

Übersicht über die verträglichen Platzierungen

Mond: Bad; WC; Wasser **Sonne:** Meditationsraum; Therapieraum **Mars:** Küche **Jupiter:** Kinderzimmer; Safe	**Merkur:** grüne Bereiche; Gästezimmer; Eingangsbereich; Rezeption; Studierzimmer; Kinderzimmer; Büro; Veranda **Venus:** Wohnzimmer; Schlafzimmer; Salon **Saturn:** Esszimmer; Speisekammer **Rahu:** Haupteingang **Sonne:** Altarraum; Meditation; Therapieraum **Mars:** Küche	**Sonne:** Meditation; Altar; Therapieraum **Jupiter:** Kinderzimmer; Safe **Mars:** Küche **Mond:** Bad
Saturn: Esszimmer; Müll; Speicher; Speisekammer **Rahu:** Eingang **Venus:** Wohnzimmer; Schlafzimmer; Salon **Merkur:** grüne Bereiche; Gästezimmer; Eingangsbereich; Rezeption; Studierzimmer; Kinderzimmer; Büro; Veranda	N NW NO W O NS SO S	**Sonne:** Altarraum; Meditation; Therapieraum **Mond:** Bad; Brunnen **Jupiter:** Kinderzimmer **Merkur:** grüne Bereiche; Gästezimmer; Eingangsbereich; Rezeption; Studierzimmer; Kinderzimmer; Büro; Veranda
Venus: Wohnzimmer; Schlafzimmer der Eltern **Saturn:** Müllraum; Speicher; Speisekammer; Esszimmer **Merkur:** grüne Bereiche; Gästezimmer; Rezeption; Büro	**Jupiter:** Kinderzimmer; Safe **Mond:** Bad; WC **Venus:** Wohnzimmer; Schlafzimmer; Salon **Merkur:** grüne Bereiche; Gästezimmer; Rezeption; Studierzimmer; Kinderzimmer; Büro; Veranda	**Merkur:** grüne Bereiche; Gästezimmer; Eingangsbereich; Rezeption; Studierzimmer; Büro; Veranda **Venus:** Wohnzimmer; Salon **Mars:** Küche

Doppelt negative Planeten

Die folgende Abbildung enthält die Planeten-Kombinationen und ihre entsprechenden Raumfunktionen, die beiderseitig in einem feindlichen Verhältnis stehen.

Planeten/Raumfunktionen in feindschaftlichem Verhältnis

Sonne: Altarraum; Meditation; Therapieraum		**Venus:** Wohnzimmer; Schlafzimmer; Salon **Saturn:** Esszimmer; Müll; Speicher; Speisekammer
		Sonne: Altarraum; Meditation; Therapieraum

Ungünstige Kombinationen mit negativen Wirkungen auf die Himmelsrichtung

		Venus: Wohnzimmer; Schlafzimmer; Salon **Merkur:** grüne Bereiche; Gästezimmer; Rezeption; Kinderzimmer; Büro
Mond: Bad; WC; Brunnen **Mars:** Küche		
Sonne: Altarraum; Meditation; Therapieraum **Mond:** Bad; WC; Brunnen **Jupiter:** Kinderzimmer; Safe		**Mond:** Bad; WC; Brunnen

Bemerkungen: Bäder sind zugelassen im Westen durch den Einfluss des dort herrschenden Halbgottes Varuna, dem Wassergott der vedischen Mythologie. Die ungünstige Platzierung des Wohnzimmers im Osten (Venus-Sonne) und Nordosten (Venus-Jupiter) bezieht sich auf die Kuschelecke mit Fernseher, d.h. die Venus-Aspekte des Wohnzimmers. Je nach dessen Nutzung herrschen dort jedoch auch andere Planeteneinflüsse, wie z. B. Merkur (Kommunikation, Gastlichkeit; Studium). Ein Esszimmer im Osten (Saturn in Sonne) wird nicht als ganz so ungünstig bewertet, da ein Esszimmer kein reiner Saturnplatz ist.

Studierzimmer und Veranda (Merkur) im Nordosten (Jupiter) sind erlaubt, da beide eine Vielzahl planetarischer Einflüsse aufweisen und aus energetischen Gründen dorthin gehören. Mond-Aspekte unterliegen im Norden (Merkur) keiner Einschränkung, da der Mond dort eine sehr starke Präsenz besitzt, wodurch negative planetarische Wechselwirkungen zwischen Mond und Merkur neutralisiert werden.

Ungünstige Kombinationen mit negativem Einfluss auf die Raumfunktion

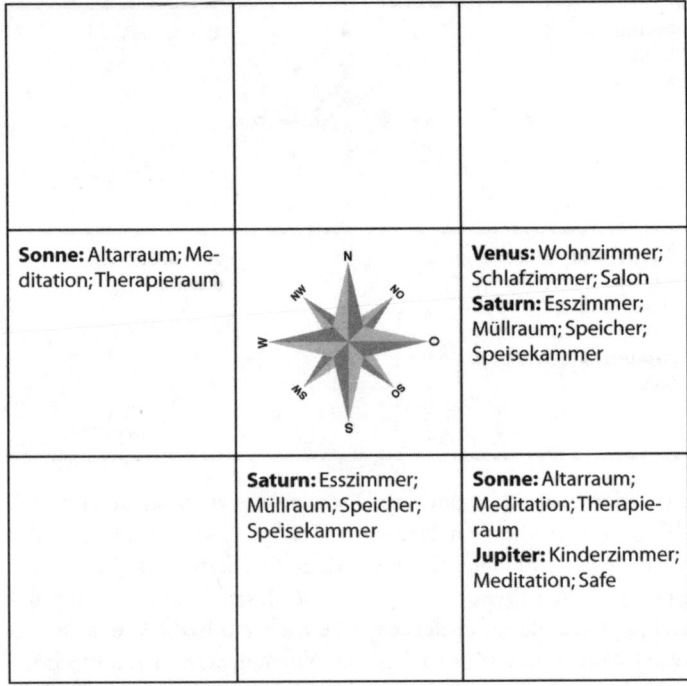

Sonne: Altarraum; Meditation; Therapieraum		**Venus:** Wohnzimmer; Schlafzimmer; Salon **Saturn:** Esszimmer; Müllraum; Speicher; Speisekammer
	Saturn: Esszimmer; Müllraum; Speicher; Speisekammer	**Sonne:** Altarraum; Meditation; Therapieraum **Jupiter:** Kinderzimmer; Meditation; Safe

Bemerkungen: Saturn-Aspekte im Süden gelten nur als leicht ungünstig; Speicher und Müllraum sollten besser im Südwesten platziert werden.

Die Merkur-Aspekte finden im Nordwesten keine Erwähnung (Merkur im Mond), da Merkur und Mond beide im Nordwesten und Norden wirken. Ebenso sind Jupiter-Aspekte im Norden erlaubt (Jupiter in Merkur), da dort auch der Mond sehr stark ist.

Ungünstige Kombinationen zusammengefasst

		Venus: Schlafzimmer; Salon **Merkur:** grüne Bereiche; Gästezimmer; Rezeption; Kinderzimmer; Büro
Sonne: Altarraum; Meditation; Therapieraum **Mond:** Bad; WC; Brunnen **Mars:** Küche		**Venus:** Schlafzimmer; Salon **Saturn:** Esszimmer; Müll; Speicher; Speisekammer
Sonne: Altarraum; Meditation; Therapieraum **Mond:** Bad; WC; Brunnen **Jupiter:** Kinderzimmer; Safe	**Saturn:** Speisekammer	**Sonne:** Altarraum; Meditation; Therapieraum **Mond:** Bad; WC; Brunnen **Jupiter:** Kinderzimmer; Meditation; Safe

Aus dem Vorangestellten ergibt sich die optimale Aufteilung des Hauses nach Vasati.

Optimale Aufteilung des Hauses nach Vasati

Büro Gästezimmer Speisekammer Bad und Toilette	Safe Wohnzimmer Kinderzimmer Studierzimmer Keller	Meditation Wohnzimmer Keller
Studierzimmer Speisezimmer Kinderzimmer Bad und Toilette		Wohnzimmer Bad Keller Meditation Speisezimmer Haupteingang
Abstellkammer Schlafzimmer schwere Maschinen Lager Büro	Schlafzimmer Speicher Salon Treppen Lebensmittel Kinderzimmer	Kamin Küche Heizung elektrische Geräte

Das vierte Informationsgesetz des Vasati

12. Die Bestimmung der individuellen Himmelsrichtungsqualitäten
Entsprechend der individuellen Strahlungsresonanz haben die acht
Himmelsrichtungen auf jeden Menschen eine individuelle Wirkung.

Das *vierte Informationsgesetz des Vasati* bezieht sich auf die individuelle Wirkung der acht Himmelsrichtungen auf die Bewohner des
Hauses. Zwar ergeben sich aus den bisher beschriebenen Grundregeln allgemeine Eigenschaften der acht Himmelsrichtungen, die auch
ihre Wirkung auf die Bewohner eines Hauses einschließen, doch
besitzt zusätzlich jede Himmelsrichtung eine ganz individuelle Wirkung auf den einzelnen Menschen. Diese Wirkung hängt von der
Strahlungsqualität zum Zeitpunkt seiner Geburt ab. Diese Strah-
lungs- oder Informationsqualität entscheidet nach dem Resonanz-
prinzip darüber, wie die acht Himmelsrichtungen auf ihn persön-
lich wirken.

Informationen zur Bestimmung des persönlichen Himmelsrichtungshoroskops hält auch der Autor bereit (Adresse s. Seite 138).

KAPITEL V

Die Anwendung der zwölf Erfolgsgesetze in der Praxis

Hat man die Möglichkeit, ein neues Haus zu bauen, so kann man die zwölf Erfolgsgesetze des Vasati konsequent umsetzen, indem man die Form, Orientierung, Proportionen, Maße, die Anordnung von Fenstern und Türen, die Gestaltung der Umgebung und das Material auf den natürlich vorhandenen Energiefluss abstimmt. Ein solches nach Vasati errichtetes Haus liegt parallel zu den Haupthimmelsrichtungen, besitzt eine regelmäßige quadratische oder rechteckige Form mit ganzzahligen Proportionen und harmonischen Maßen. Seine Türen und Fenster sind so angeordnet, dass die Lebensenergie nicht nur ungehindert das Innere des Hauses erreicht, sondern auch dort harmonisch fließen kann. Zu diesem Zweck besitzt ein Vasati-Haus ein freies Zentrum, von dem aus die Energien in alle Bereiche des Hauses fließen können. Die Anordnung der Räume folgt einerseits der natürlichen Verteilung der Energien im Haus und wird andererseits individuell auf die Bewohner des Hauses abgestimmt. Der Grundriss des Hauses weist eine klare Symmetrie auf, wodurch ein kohärentes lebensförderndes Energiefeld erzeugt wird. Die Auswahl der Materialien erfolgt nicht nur nach baubiologischen Kriterien, sondern wird individuell auf die Bedürfnisse der Bewohner und die Qualität der einzelnen Himmelsrichtungen abgestimmt.

Die meisten Menschen leben jedoch in einer Wohnung oder in einem Haus, das nicht vollkommen den Gesetzen des Vasati entspricht. Für diesen Fall gibt es im Vasati wirkungsvolle Methoden, mit denen man ungünstige Wohnraumqualitäten korrigieren kann. Als erstes sollte man die Raumfunktionen innerhalb der Wohnung anhand der erwähnten Prinzipien überprüfen und gegebenenfalls ändern. Ist dies geschehen, kann man die Inneneinrichtung der einzelnen Räume entsprechend der zwölf Grundregeln des Vasati verändern, sodass in jedem einzelnen Raum ein positives Energiefeld geschaffen wird. Hierbei besteht eine der wichtigsten Aufgaben darin, die nördlichen und östlichen Wände von schweren Schränken und anderen Gegenstände zu befreien und die Gewichte in Richtung Südwesten zu verlagern. Der Nordosten sollte möglichst klar gestaltet und für Studium und Meditation genutzt werden.

Starke Abweichungen des Wohnraums von dem durch die zwölf Gesetze vorgegebenen Ideal können mit einigen wenigen hochwirksamen Vasati-„Tools" bis zu einem gewissen Grade neutralisiert werden. Hier ist vor allem das Meru-Chakra zu erwähnen, eine aus fünf edlen Metallen bestehende dreidimensionale pyramidale Form, die auf dem energetisch hochwirksamen Shri-Yantra beruht.

Shri-Yantra

Das Shri-Yantra ist eine komplexe geometrische Anordnung von neun einander durchdringenden Dreiecken, in denen mehrfach der goldene Schnitt und andere harmonische und physikalisch relevante Proportionen verwirklicht sind. Der amerikanische Physiker Patrick Flanagan bezeichnete das Shri-Yantra als „König der Kraftsymbole". In seiner dreidimensionalen Darstellung wird es als Meru-

62

Chakra bezeichnet und seit Jahrtausenden zur Korrektur gestörter Wohnraumenergien eingesetzt.

Vasati-Meru-Chakra

Das Meru-Chakra kann vor allem bei einem blockierten oder fensterlosen Norden, Nordosten oder Osten im Nordosten des Hauses aufgestellt werden, wobei es in Richtung Ost-West ausgerichtet werden sollte, um eine maximale Wirkung zu erzielen. Von dort aus wirkt es harmonisierend und energetisierend auf den gesamten Wohnraum. Die starke energetische Wirksamkeit des Vasati-Meru-Chakra liegt sowohl in seiner exakten geometrischen Ausführung als auch in der gezielten Auswahl edler Metalle begründet – einer Kombination, die historisch gesehen wohl einmalig ist.

Während das Meru-Chakra Blockierungen auf der energetischen Ebene ausgleicht, wurde eine spezielle Vasati-Pyramide entwickelt, die Mängel auf der Informationsebene korrigiert. Sie beruht ebenso wie das Meru-Chakra auf einer exakten Geometrie, enthält jedoch

63

zusätzlich zehn Yantras als Informationssymbole, deren Wirkung, jeweils durch eine Glaspyramide verstärkt wird.

Vasati-Pyramide

Vor allem durch die kombinierte Anwendung des Meru-Chakra und der Vasati-Pyramide können größere Mängel im Sinne des Vasati sowohl auf der Energie- als auch auf der Informationsebene korrigiert werden.

Yantra-Pyramiden

Ein weiteres wirkungsvolles Hilfsmittel zur Korrektur von Schwächen auf der Energie- oder Informationsebene stellen die Yantra-Pyramiden dar, eine Kombination aus einem Yantra und einer darauf stehenden Glaspyramide. Durch die cheopsförmige Glaspyramide wird die Kraft des Yantra verstärkt und auf einen bestimmten Raumpunkt konzentriert. Hierdurch ist eine spezifische Behandlung energetischer Schlüsselpunkte *(Marmas)* möglich. Da jeder Raum vier solcher Schlüsselpunkte unterschiedlicher Qualität besitzt, kommt im Vasati ein Set aus vier Glaspyramiden mit vier verschiedenen Yantras zur Anwendung, das als Raumakupunktur-Set bezeichnet wird. Zur Raumreinigung wird dieses Set für eine Stunde auf den vier Schlüsselpunkten des Raumes aufgestellt (siehe drittes geometrisches Gesetz).

Die vier Yantras des Raumakupunktur-Sets gehören zu einer Serie von 10 Vasati-Yantras, die den Planeten zugeordnet sind. Diese zehn Yantras stellen ein weiteres wirkungsvolles Werkzeug zur Korrektur von Schwächen auf der Energie- und Informationsebene dar. Ist im Wohnraum ein bestimmter Planet geschwächt oder angegriffen, so kommt das dem geschwächten Planeten zugeordnete Yantra an der betroffenen Stelle zur Anwendung. Ein energetischer Mangel im Nordwesten schwächt beispielsweise den Mond und sollte mit einem Vasati-Mond-Yantra (spirituelles Mond-Yantra) ausgeglichen werden.

Vasati-Mond-Yantra

65

Vier praktische Werkzeuge des Vasati

Zur praktischen Anwendung der 12 Gesetze des Vasati stehen vier wirkungsvolle Werkzeuge zur Verfügung, die bei der Bewertung von Raumenergien, jedoch auch bei der Gestaltung und Korrektur von Räumen nach Vasati hilfreich sind.

1. Die Vasati-Bewertungsskalen

a) Die Vasati-Skala
Um die Eigenschaften eines Hauses auf der Basis des Vasati quantitativ zu bewerten, verwendet man die Vasati-Skala, die einen Wertebereich von −8 bis +8 umfasst. Die Werte der Skala sind folgendermaßen zu interpretieren:

Bewertung	Bedeutung
−8 bis −4	stark negatives Energiefeld; dringend Korrektur notwendig
−1 bis −4	negatives Energiefeld mit guten Korrekturmöglichkeiten
0	neutral
−1 bis +2	spannungsgeladenes Energiefeld mit positiven und negativen Aspekten
+2 bis +4	positives Energiefeld mit leichten Spannungen
+4 bis +8	positives Energiefeld auch in den Details

Ein Haus wird in den seltensten Fällen eine Vasati-Bewertung von +8 erreichen. Ein solch ideales Energiefeld ist auch nicht unbedingt erforderlich. Ab +4 liegt man bereits im stark positiven Bereich und kann von seinem Wohnraum eine Menge Unterstützung für sein Leben erwarten. Ebenso wird eine negative Bewertung von −8 sehr

66

selten sein. Doch bereits ab einer Bewertung von −3 ist Vorsicht geboten und man sollte dringend zu den notwendigen Korrekturmaßnahmen greifen. Häuser im Bereich zwischen −2 und +2 spiegeln das natürliche Spannungsgefüge des Lebens wider, in dem sich die meisten Menschen befinden. In solchen Häusern beziehungsweise Wohnungen gibt es zumeist einen guten Spielraum zur Verbesserung und Korrektur. Schon kleine Verbesserungen im Detail wie das Umrücken eines schweren Möbelstückes oder das Aufstellen einer Pflanze, um einen Bereich energetisch zu beleben, können in solchen Fällen eine spürbare Verbesserung hervorrufen.

Um zu einer Gesamtbewertung eines Hauses oder einer Wohnung nach diesem Prinzip zu kommen, ist es in den meisten Fällen notwendig, die verschiedenen Aspekte des Hauses, seine Raumfunktionen und seine Umgebung einzeln zu betrachten und aus den Einzelbewertungen einen Durchschnittswert zu ermitteln. Hierfür wird empfohlen, systematisch von Raum zu Raum durch die Wohnung zu gehen und jeden einzelnen Aspekt, wie die Lage des Raumes, seine Inneneinrichtung, seine Türen und Fenster usw. nach Vasati auf der Skala zwischen −8 und +8 zu bewerten und in einer Liste zusammenzutragen. Die folgenden Diagramme helfen Ihnen bei der Bewertung.

Bewertung der einzelnen Raumfunktionen in den acht Himmelsrichtungen

Küche

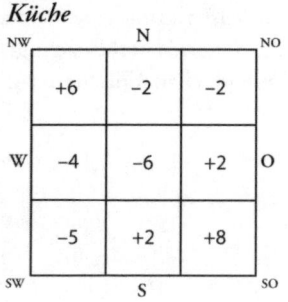

Speisekammer

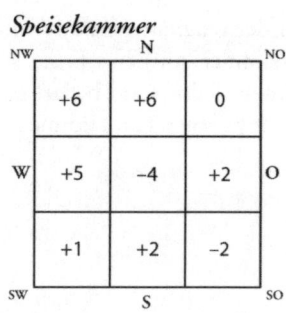

67

Esszimmer

NW	N		NO
−2	+4	0	
W +8	−2	+2	O
−2	+4	+2	
SW	S		SO

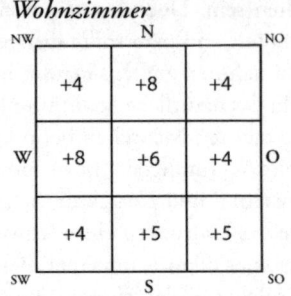

Wohnzimmer

NW	N		NO
+4	+8	+4	
W +8	+6	+4	O
+4	+5	+5	
SW	S		SO

Beim Wohnzimmer hängt die Bewertung der Platzierung stark von der Art der Nutzung und Gestaltung ab. Bei dieser Bewertung wurde vor allem der venusische Aspekt des Wohlfühlens mit Couch und Fernseher berücksichtigt.

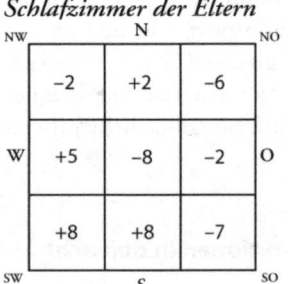

Schlafzimmer der Eltern

NW	N		NO
−2	+2	−6	
W +5	−8	−2	O
+8	+8	−7	
SW	S		SO

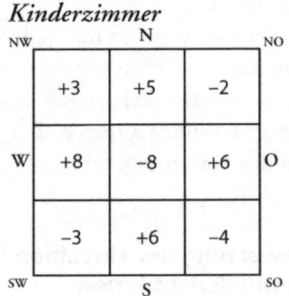

Kinderzimmer

NW	N		NO
+3	+5	−2	
W +8	−8	+6	O
−3	+6	−4	
SW	S		SO

Bei der qualitativen Bewertung der Himmelsrichtung eines Kinderzimmers müssen sehr stark individuelle Kriterien berücksichtigt werden. Jedes Kind bedarf einer sehr individuellen Einschätzung seiner persönlichen Himmelsrichtung.

Arbeitszimmer, Büro

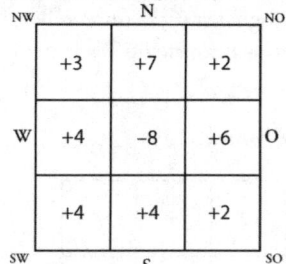

NW	N		NO
+3	+7	+2	
+4	−8	+6	O
+4	+4	+2	

W ... SW ... S ... SO

Abstellraum

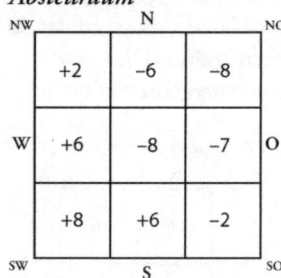

+2	−6	−8
+6	−8	−7
+8	+6	−2

Bad ohne Toilette

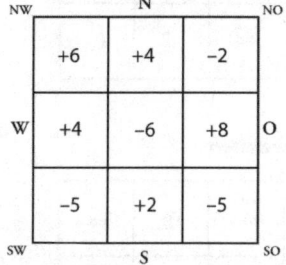

+6	+4	−2
+4	−6	+8
−5	+2	−5

Toilette

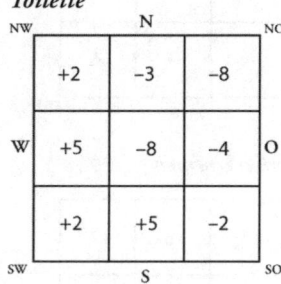

+2	−3	−8
+5	−8	−4
+2	+5	−2

Idealerweise befinden sich Toiletten jeweils zwischen den Himmelsrichtungen, um eine bestimmte Qualität beziehungsweise einen bestimmten Lebensbereich nicht zu stark zu belasten. Am besten liegt die Toilette zwischen dem Nordwesten und dem Westen oder zwischen dem Südwesten und dem Westen.

Treppenhaus

+4	0	−6
+6	−4	0
+4	+6	+2

Unterkellerung

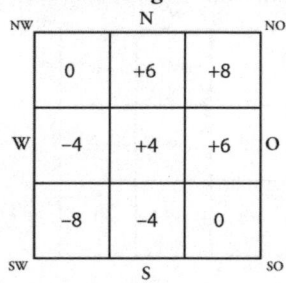

0	+6	+8
−4	+4	+6
−8	−4	0

69

Idealerweise unterkellert man nur die östliche oder nördliche Hälfte des Hauses, während der Südwesten möglichst nicht unterkellert werden sollte. (Dies ergibt sich aus dem Raumprinzip nach dem dritten energetischen Gesetz.)

Haupteingang

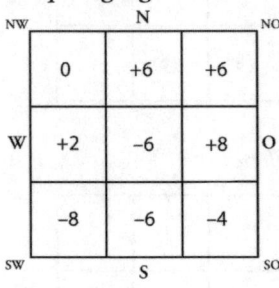

Bibliothek

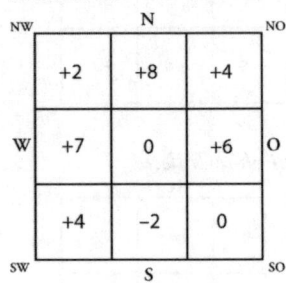

Studierzimmer

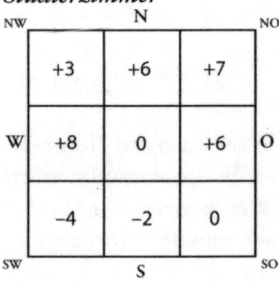

Terrassen

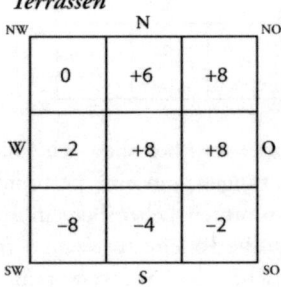

Müllraum

	N	
−1	−4	−8
+4	−8	−7
+8	+7	−1

NW ... NO, W ... O, SW ... S ... SO

70

Auch die Inneneinrichtung der einzelnen Räume kann mit Hilfe dieser Skala bewertet werden. Um die Gesamtbewertung für das Innere eines Raumes zu ermitteln, ist es notwendig, zunächst seine einzelnen Aspekte beziehungsweise Komponenten zu bewerten und dann das gewichtete Mittel zu bilden. Für die Gewichtung bedarf es zusätzlich des sogenannten Gewichtungsfaktors, der im folgenden Abschnitt beschrieben wird.

Schwerer Schrank

NW	N		NO
0	−6	−8	
W +6	−8	−6	O
+8	+7	−1	
SW	S		SO

Bei einem Schrank werden ausschließlich allgemein gültige energetische Prinzipien angewandt. Ebenso wichtig und energetisch wirksam ist jedoch der Inhalt des Schrankes. Bewahrt man beispielsweise in einem Schrank lauter Gegenstände oder Kleidungsstücke seiner nicht bewältigten Vergangenheit auf, so besitzt er – unabhängig von der Richtung, in der er sich befindet – eine energetisch ungünstige Wirkung.

Leichtes Bücherregal

NW	N		NO
+3	+5	−3	
W +3	−6	+4	O
−6	0	+3	
SW	S		SO

Bett

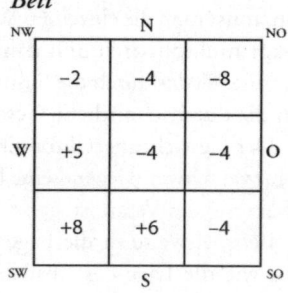

NW	N		NO
−2	−4	−8	
W +5	−4	−4	O
+8	+6	−4	
SW	S		SO

71

Schreibtisch

NW	N		NO
0	+4	0	
+8	−2	+4	O (W)
+4	+5	0	
SW	S		SO

Waschbecken

NW	N		NO
+4	+7	+6	
+2	−8	+8	O (W)
−8	−4	−4	
SW	S		SO

Waschmaschine

NW	N		NO
+6	+2	−8	
+4	−8	+4	O (W)
−4	−2	−4	
SW	S		SO

Kühlschrank

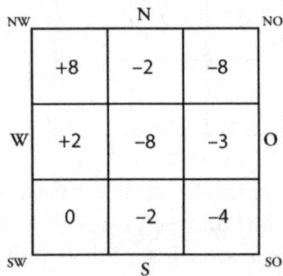

NW	N		NO
+8	−2	−8	
+2	−8	−3	O (W)
0	−2	−4	
SW	S		SO

b) Der Vasati-Gewichtungsfaktor

Um das gewichtete Mittel der Bewertungen nach Vasati zu ermitteln, muss man die einzelnen Werte jeweils mit einem Gewichtungsfaktor multiplizieren und dann addieren. Zum Schluss wird diese Summe wieder durch die Summe der Gewichtungsfaktoren geteilt, um die durchschnittliche Gesamtbewertung zu erhalten.

Der Gewichtungsfaktor gibt Auskunft darüber, wie bedeutsam, d. h. wie schwer wiegend eine bestimmte Eigenschaft nach der Einschätzung des Vasati ist.

Beispielsweise ist die Lage des Wohnzimmers nicht so bedeutsam wie die Lage des Abstellraumes innerhalb des Hauses, da es energetisch ungünstig ist, wenn sich ein Abstellraum in einer ungünstigen Richtung wie dem Osten oder Nordosten befindet, während das Wohnzimmer praktisch in allen Richtungen liegen kann, ohne eine wesentliche Störung des Gesamtenergiefeldes hervorzurufen.

Daher werden alle Raumeigenschaften bei der Vasati-Bewertung mit einem Gewichtungsfaktor zwischen 0 und 8 versehen.

Die folgende Tabelle gibt einige Beispiele solcher Gewichtungsfaktoren:

Lage von Räumen innerhalb des Hauses

Vasati-Eigenschaft	Gewichtungsfaktor
Lage des Wohnzimmers	1
Lage des Schlafzimmers	6
Lage der Toilette	8
Lage des Abstellraumes	8
Lage des Müllraums	8
Lage des Büros	2
Lage der Speisekammer	3
Lage des Esszimmers	3
Lage des Haupteingangs	8
Lage des Studierzimmers	2
Lage des Badezimmers	4
Lage der Küche	5

73

Merkmale der Umgebung

Vasati-Eigenschaft	Gewichtungsfaktor
Gefälle	6
Wo ist mehr Platz auf dem Grundstück?	6
hohe Bäume	4
Brunnen	7
Gewässer	4
Zufahrt zum Grundstück	8
Nachbargebäude	6
Orientierung des Hauses	7
Vertiefungen des Grundstücks	6

Merkmale des ganzen Hauses

Vasati-Eigenschaft	Gewichtungsfaktor
Haus nach den Himmelsrichtungen ausgerichtet	6
Dachhöhen des Hauses	2
Symmetrie des Hauses	2
Proportionen des Hauses	2
Maße des Hauses	2
Lage der Heizung	2
Fußbodengefälle des Hauses	1
Lage der Fenster	4

Bewertung der Eigenschaften der Himmelsrichtungen

Himmelsrichtung	Gewichtungsfaktor
Osten	6
Südosten	4
Süden	3
Südwesten	7
Westen	3
Nordwesten	4
Norden	6
Nordosten	8
Zentrum	8

Quantitative Bewertung einer Einzimmerwohnung

Das folgende Beispiel zeigt, wie dieses System bei der Einzimmerwohnung eines Studenten Anwendung findet.

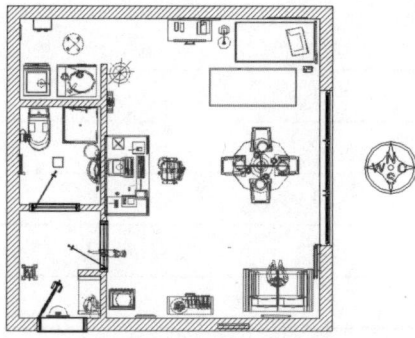

Einzimmerwohnung eines Studenten

75

Die gleiche Wohnung von oben gesehen

Diese Wohnung wird folgendermaßen bewertet:

Aspekt	Gewichtungsfaktor	Bewertung	Summe
Eingang	8	−8	−64
Bad mit Toilette	4	+4	+16
Küche	4	+6	+24
Bett	3	−4	−24
Schreibtisch	1	−2	−2
Kommode im N	2	−6	−12
Esstisch	1	+2	+2
Stereoanlage	1	−2	−2
Sofa im SO	1	+1	+1
Regal im S	1	+4	+4

76

Fenster im O	4	+8	+32
kein Fenster im N	4	−8	−32
keine Fenster im S	2	+8	16
keine Fenster im W	1	+6	+6
Summe	37		−35

Um die gemittelte Gesamtbewertung dieser Wohnung nach Vasati zu erhalten, muss nun noch die Bewertung −35 durch die Summe der Gewichtungsfaktoren geteilt werden, was −35/37 also ungefähr −1 ergibt. Damit liegt die Wohnung leicht im negativen Bereich, was vor allem durch die schlechte Lage des Eingangs im Südwesten bewirkt wird.

Eine deutliche Verbesserung der Wohnsituation wird hier erreicht, indem das Bett in den Süden, die Kommode in den Südwesten, das Sofa in den Norden und der Schreibtisch in den Osten gestellt wird. Auf diese Weise verschiebt sich die Gesamtbewertung leicht in den positiven Bereich.

Um die fehlende Lebensenergie aus dem Norden auszugleichen und der ungünstigen Eingangssituation entgegenzuwirken, sollte an der Nordwand ein Shri-Yantra in Kopfhöhe platziert werden. Ein Meru-Chakra im Nordosten würde ebenfalls gute Dienste erweisen, da es von dort das ganze Energiefeld der Wohnung stärkt und dem blockierten Norden entgegenwirkt. Auch über dem Eingang sollte ein Schutz-Yantra aufgehängt werden. Mit diesen Korrekturmaßnahmen kann die Vasati-Bewertung der Wohnung auf maximal +3 angehoben werden, was insgesamt gesehen einer spürbaren Steigerung der Wohnraumqualität entspricht.

c) Die Vasati-Potenzialzahl

Um zu bewerten, welche Möglichkeiten zur Verbesserung eine gegebene Wohnsituation besitzt, wurde die Vasati-Potenzialzahl eingeführt, die zwischen 0 und 100 ausdrückt, wie viel Prozent die

Wohnung gemessen an ihrem praktisch erreichbaren Idealzustand bereits besitzt. Der praktisch erreichbare Idealzustand wird als das 100%-ige Potenzial oder kurz als das Potenzial der Wohnung bezeichnet und richtet sich auch danach, welche Veränderungen beziehungsweise Korrekturmaßnahmen den Bewohnern zu einem gegebenen Zeitpunkt tatsächlich zumutbar sind. Das Potenzial wird also indirekt auch durch die finanziellen Mittel und die Bereitschaft der Bewohner zu Veränderungen bestimmt.

Im allgemeinen sollte man die Ausgangssituation nach der $-8/+8$ Vasati-Skala bewerten und diese Zahl dann mit der Potenzialzahl versehen, um zu zeigen, welche Verbesserungen möglich sind.

Im vorliegenden Beispiel entsprach die Ausgangsposition einer Bewertung von -1, was ca. 50% vom potenziellen Idealzustand betrug. Nach der Korrektur durch das Verstellen der Möbel stieg die Vasati-Bewertung auf ca. $+1$, was 75% des Potenzials verwirklichte. Erst die Platzierung der Yantras und des Meru-Chakra steigerte die Bewertung auf $+3$ und 95% vom Idealzustand.

Zustand	Bewertung	Potenzial
vorher	-1	50%
nach der Korrektur der Einrichtung	+1	75%
nach der Platzierung der Yantras	+2	80%
nach der Platzierung des Meru-Chakra	+3	95%

Die Vasati-Potenzialzahl wird durch geschulte Intuition oder mit Hilfe energetischer Messinstrumente durch eine Einschätzung der Eigenschaften nach Vasati-Kriterien ermittelt.

78

2. Die neun Ebenen der Vasati-Korrektur

Die Korrektur einer gegebenen Wohnsituation nach Vasati kann auf neun verschiedenen Ebenen erfolgen, die an dieser Stelle zusammenfassend aufgeführt werden:

Ebene 1: Bauliche Maßnahmen
zum Beispiel: Verlegen des Haupteingangs; Neuschaffung eines Fensters; Entfernen einer Wand

Ebene 2: Veränderungen beziehungsweise Tausch der Raumfunktionen
zum Beispiel: Verlegung der Küche aus dem Südwesten in den Südosten und des Schlafzimmers aus dem Südosten in den Südwesten

Ebene 3: Veränderung der Gewohnheiten
zum Beispiel: eine Toilette, die fehlplatziert im Nordosten liegt, kann man zum Teil damit neutralisieren, indem man sie nicht mehr benutzt; häufiges Lüften im Nordwesten, um dort den Energiefluss zu stärken; man kann einen Nebeneingang im Osten gezielt benutzen, um den Haupteingang im Süden zu neutralisieren

Ebene 4: Korrektur der Einrichtung
zum Beispiel: das Umstellen schwerer Schränke aus dem Norden und Osten eines Raumes an die südlichen und westlichen Wände

Ebene 5: Gezielter Einsatz der fünf Elemente Erde, Wasser, Feuer, Luft und Äther
zum Beispiel: Trinkwasserbehälter oder Aquarium im Nordosten; Kerzen im Südosten; Windspiele im Nordwesten oder Erde und Holz im Südwesten

Ebene 6: Korrektur mit Hilfe von Farben
Grüne Farben im Norden, gelbe Farben im Nordosten und Sonnenfarben im Osten stärken die Energien dieser Richtungen

Ebene 7: Spiegel, Pflanzen, Bilder und andere energetische Hilfs-maßnahmen

Spiegel stärken den Nordosten, Norden und Osten; Naturbilder und Wasserbilder stärken die Energien des Nordens beziehungs-weise Nordostens; Pflanzen beleben energetisch die Bereiche, in denen sie stehen

Ebene 8: Feinstoffliche „Tools" wie Yantras, Meru-Chakra und Vasati-Pyramide

Ein Meru-Chakra im Nordosten stärkt das gesamte Vasati-Energie-feld; eine Vasati-Pyramide im Zentrum des Hauses gleicht Energie-mängel auf der Informationsebene aus; ein Yantra über einem fehlplatzierten Haupteingang im Süden kann die energetische Si-tuation verbessern

Ebene 9: Virtuelle Wohnraumentstörung

Auf der Informationsebene können Korrekturen von energetischen Störungen im Sinne des Vasati virtuell oder radionisch durchge-führt werden. Die Korrektur-Informationsfelder werden mit Hilfe sogenannter radionischer Geräte durch Skalarwellen gesendet. Hier-bei werden keine elektromagnetischen Wellen, sondern reine Informationsfelder gesendet. Die Übertragung erfolgt überräumlich und kann von jedem Ort aus geschehen. Daher sind mit Hilfe der Radionik sowohl Fernanalysen als auch Fernbehandlungen von Wohnungen beziehungsweise Häusern möglich.

3. Der achtfache Design-Prozess

Dem Schaffen lebendiger Räume liegt ein logischer Design-Prozess zu Grunde, der in acht Schritten die Raumqualität bestimmt. Beim Planen eines Hauses wird dieser zyklische Prozess im allgemeinen mehrfach durchlaufen, wobei auch innerhalb des Zyklus mehrfach Unterzyklen gebildet werden können. Der Design-Zyklus umfasst die folgenden acht Stufen:

Stufe 1: Form

Die Form eines Grundstücks, Hauses, Raumes oder Gegenstandes ist die erste Eigenschaft, die seine energetische Qualität bestimmt. Im Vasati werden Formen bevorzugt, die regelmäßig und symmetrisch sind wie Rechtecke oder Quadrate. Auch regelmäßige Vielekke mit gleichen Seiten und Winkeln, wie Achtecke und Sechsecke, sind akzeptabel, während Dreiecke, Fünfecke oder Siebenecke vermieden werden sollten.

Stufe 2: Proportion

Ist die Form festgelegt, so hängt die Raumqualität weiterhin von den Proportionen des Raumes ab. Ist die auf Stufe 1 gewählte Form beispielsweise ein Rechteck, so wird auf Stufe 2 das Seitenverhältnis des Rechtecks festgelegt. Hierbei werden ganzzahlige Verhältnisse beispielsweise auf der Grundlage der Viertelung bevorzugt, wie 4 : 4 (Quadrat), 4 : 5, 4 : 6, 4 : 7 oder 4 : 8 (Oktave).

Stufe 3: Maße

Mit festgelegten Proportionen gilt es auf der dritten Stufe die Maße zu wählen, mit denen die Form in den gewählten Proportionen umgesetzt wird. Erst durch diesen Schritt werden die exakten Begrenzungen des Raumes festgelegt.

Stufe 4: Orientierung

Nachdem die äußere Form des Raumes beziehungsweise Grundstücks mit den ersten drei Stufen festgelegt wurde, wird er auf der vierten Stufe nach den Himmelsrichtungen orientiert. Wie bereits erwähnt, sollten die Seitenwände parallel zu den Haupthimmelsrichtungen ausgerichtet werden. In vielen Fällen ist eine solche Orientierung aufgrund der Bauvorschriften oder der Form des Grundstücks nicht möglich. Eine Abweichung von bis zu 10° von den Haupthimmelsrichtungen ist akzeptabel. Ist die Abweichung größer, gibt es energetische Verzerrungen, deren Eigenschaften und Wirkungen von der Richtung und dem Winkel der Abweichung abhängen. Der folgenden Tabelle kann man entnehmen, in welcher Richtung Abweichungen akzeptabel sind und welche Abweichungen vermieden werden sollten. Hierbei wird die Abweichung der Hauptachse des Hauses von der jeweiligen Hauptrichtung angegeben, in welche die Frontseite des Hauses weist.

Ausrichtung der Frontseite des Hauses in Richtung	Abweichung um $10°$ bis $20°$ in Richtung	Bewertung
Osten	Nordost	ungünstig
Osten	Südost	akzeptabel
Süden	Südost	ungünstig
Süden	Südwest	ungünstig
Westen	Nordwest	akzeptabel
Westen	Südwest	ungünstig
Norden	Nordwest	akzeptabel
Norden	Nordost	ungünstig

Stufe 5: Platzierung
Nachdem die Form und auch die Orientierung des Gebäudes beziehungsweise des Raumes festgelegt wurden, wird der Raum auf Stufe 5 in der Umgebung positioniert. Hierbei ist zu beachten, dass im Osten und Norden eines Gebäudes mehr Platz zur Verfügung stehen sollte als im Westen und Süden. Auf dieser Stufe muss die Umgebung des Raumes beziehungsweise des Grundstücks oder Hauses miteinbezogen werden, um die ideale Platzierung, d. h. Lage zu wählen.

Ein Gebäude sollte so weit es geht im Südwesten eines Grundstücks liegen, um das Energiefeld zu optimieren. In den meisten Fällen wünschen sich Bauherren jedoch auch im Süden und Südwesten Gartenflächen und Terrassen, sodass ein Kompromiss zwischen den energetischen Grundprinzipien des Vasati und diesem

Bedürfnis gefunden werden sollte. Wichtig ist es hierbei, den Energien im Nordosten, Norden und Osten genügend Raum zur Entfaltung ihres energetischen Potenzials zur Verfügung zu stellen.

Ein weiterer Aspekt der fünften Stufe besteht darin, bei der Gestaltung der Umgebung in Beziehung zu dem geplanten Raum oder Gebäude die Prinzipien des Vasati zu beachten.

Stufe 6: Öffnungen
Nachdem das Gebäude, der Raum beziehungsweise das Grundstück in den ersten fünf Stufen geformt, orientiert und platziert wurde, werden auf der sechsten Stufe seine energetischen und physischen Öffnungen geplant. Dies sind die Eingänge, Ausgänge, Fenster und Türen. Hierbei sind eine ganze Reihe von Prinzipien zu beachten, die aus den 12 Gesetzen des Vasati abgeleitet werden können und hier nur kurz zusammengefasst werden:

Haupteingang
Eingänge sollten stets in den starken Bereichen des Hauses liegen und zwar vorzugsweise im Osten und Norden. Der Westen ist an dritter Stelle ebenfalls akzeptabel, während der Süden vermieden werden sollte.

Der Haupteingang sollte größer sein als alle anderen Türen des Hauses, vor allem größer als der Ausgang, um eine positive Energiebilanz im Haus zu erzielen.

Ein Eingang im Süden des Hauses sollte von einem weiteren im Norden begleitet werden. Ebenso sollte einem Eingang im Westen ein zweiter im Osten gegenüberstehen.

Auch für Türen sollten günstige Proportionen und Maße gewählt werden, wie auf Stufe 2 und 3 festgelegt.

Fenster
Vor allem im Norden und Osten sollten ausreichend große Fensterflächen vorhanden sein, während der Südwesten möglichst geschlossen bleiben sollte.

Fenster sollten in starken Bereichen des Hauses den Türen gegenüberliegen, während dies in den schwachen Bereichen vermieden werden sollte.

Auch Fenster sollten günstige Proportionen und Maße besitzen, da insbesondere die Fläche und Form der Öffnungen die Qualität der Energie bestimmt, die durch sie in den Wohnraum hineinfließt.

Stufe 7: Material
Nachdem der gesamte Raum beziehungsweise das Gebäude auf diese Weise in sechs Stufen geplant wurde, muss das geeignete Material ausgewählt werden, mit dem gebaut wird. Ebenso wie die Klangqualität einer Violine nicht nur von ihrer Form, ihren Maßen und Proportionen abhängt, sondern vor allem auch von der Qualität des Holzes, aus dem sie gefertigt wird, bestimmt die Qualität des Baumaterials die Wohnraumqualität in entscheidendem Maße mit.

Die besten Materialien für den Bau eines Hauses sind natürliche Baustoffe wie Holz, Lehm und naturgebrannte Ziegel. Die Qualität dieser traditionellen Baustoffe hängt wiederum sehr stark von ihrer Handhabung beziehungsweise Verarbeitung ab. Beispielsweise hängt die Qualität des Baustoffes Holz davon ab, zu welchem Zeitpunkt das Holz geschlagen wird. Es gibt vor allem in der Winterzeit bevorzugte Mondphasen für das Fällen von Bäumen, so dass deren Holz besonders geeignete Qualitäten zum Bauen entwickelt.

Doch auch die Weiterverarbeitung des Holzes trägt entscheidend zu seiner Qualität bei. Besonders wichtig ist hierbei, dass keine chemischen Holzschutzmittel und andere lebensvernichtenden Stoffe verwendet werden.

Ähnliche Kriterien gelten für die Verarbeitung und Herstellung von Lehm und Ziegeln als Baustoffe.

Stufe 8: Organisation des inneren Raumes
Die achte Stufe des Vasati-Design-Prozesses besteht in der Organisation des inneren Raumes. Für ein Gebäude bedeutet dies, dass der innere Grundriss ebenfalls im Einklang mit den Vasati-Prinzipien geplant wird. Für einen einzelnen Raum geht es hierbei um seine Inneneinrichtung im Einklang mit den 12 Gesetzen des Vasati.

Bei der Planung eines Hauses beginnt an dieser Stelle der Design-Zyklus erneut von vorne, da es nun um die Planung und Anordnung der einzelnen Räume innerhalb des Hauses geht. Besonders wichtig ist es hierbei, auch die Qualitäten der persönlichen Himmelsrichtungen der Bewohner des Hauses mit zu berücksichtigen. Vor allem ihre Arbeits- und Schlafplätze müssen in Einklang mit ihren eigenen Richtungen angeordnet werden. Die eigene Richtung entspricht dem so genannten „Mondhaus", unter dessen Einfluss der jeweilige Bewohner zum Zeitpunkt seiner Geburt stand. Von der eigenen Richtung leiten sich wiederum die persönlichen Qualitäten aller anderen Himmelsrichtungen ab.

4. Die Qualität der acht Himmelsrichtungen

Die Aufteilung des horizontalen Raumes in acht Himmelsrichtungen ist das einfachste und angemessenste System, um die vielfachen Einflüsse zu ordnen und zusammenzufassen, die die Raumqualität bestimmen. Die Aufteilung in genau acht Richtungen liegt darin begründet, dass die Zahl Acht die Raumstrukturzahl ist. Wie bereits beschrieben, leitet sich auch das natürliche Maßsystem des Raumes von der Zahl Acht ab. Auch in der Raumtheorie Burkhard Heims bildet das Quadrat, von ihm Metron genannt, die Urzelle des Raumes. Dem Quadrat entspricht die Zahl Vier, aus der sich die Zahl Acht durch Multiplikation mit Zwei ergibt.

Nun besitzen die acht Himmelsrichtungen jedoch keine Qualitäten von sich aus, sondern bilden lediglich ein natürliches Ordnungssystem für die unterschiedlichsten Einflüsse, die auf den Raum wirken. Sie bilden eine 3x3-Matrix mit einem Feld im Zentrum und je einem Randfeld für jede der acht Richtungen.

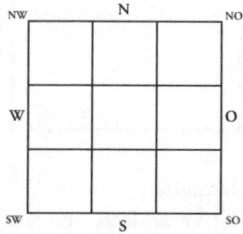

Die 3 x 3-Matrix der acht Himmelsrichtungen

85

Es sind wiederum vier verschiedene Gruppen von Einflüssen, die zusammen die Qualität der acht Himmelsrichtungen ausmachen und somit die Felder der Matrix ausfüllen.

Einfluss 1: Die zwei Energieströme
Die unterschiedliche Qualität der beiden globalen Energieströme, die den Raum aus dem Osten und Norden erreichen, prägt die Qualität aller Himmelsrichtungen. Dieser Einfluss färbt die acht Himmelsrichtungen folgendermaßen:

Nordwesten: starke dynamische Energie der Bewegung und des Austausches durch Potenzialsprung der über die Diagonale fließenden Energie	**Norden:** hohe energetische Qualität; organische, weibliche, kühlende Lebensenergie	**Nordosten:** Tor der Energien zum Raum durch Zusammenfluss der globalen Energieflussvektoren
Westen: schwere kühlere Energien	**Zentrum:** leichte bewegliche Energien hoher Qualität und Intensität durch vertikalen Energiefluss	**Osten:** hohe energetische Qualität; solare, männliche, erhitzende Lebensenergie
Südwesten: schwere erdhafte und bereits verbrauchte Energien mit wenig Bewegungspotenzial	**Süden:** schwere wärmere Energien	**Südosten:** feurige, dynamische Energie durch Potenzialsprung der über die Diagonale fließenden Energie

Einfluss 2: Die fünf Elemente
Aus den 12 Gesetzen des Vasati lässt sich eine Zuordnung der fünf Naturelemente Erde, Wasser, Feuer, Luft und Äther zu den acht

Himmelsrichtungen ableiten, die für viele praktische Zwecke sehr hilfreich ist. Alle Aspekte des Wohnraumes lassen sich ebenfalls als aus den fünf Elementen zusammengesetzt betrachten. Das Kriterium der fünf Elemente ist vor allem für die Innenraumgestaltung, die Installationen und die Inneneinrichtung eines Gebäudes beziehungsweise Raumes und auch für die Gestaltung der Umgebung oder des Gartens hilfreich:

	N	
Luft	Luft/ Wasser	Wasser/ Äther
Luft/ Wasser/ Erde	Äther	Äther/ Feuer
Erde	Erde/ Feuer	Feuer

NW — N — NO, W — O, SW — S — SO

Der Einfluss der fünf Elemente in verschiedenen Dingen lässt sich aus der folgenden Übersicht entnehmen:

Ding	Elemente
Pflanzen	Erde, Wasser
Spiegel	Äther
Aquarium	Wasser
Holzschrank	Erde
Stereoanlage	Feuer
Fernseher	Feuer
Kühlschrank	Feuer/Luft
spitze Dinge	Feuer

87

geschwungene Formen	Wasser
Windspiel	Luft
Briefkasten	Luft
Schaukelstuhl	Luft
Kamin	Feuer
Herd	Feuer
Spüle	Wasser
metallische Oberflächen	Äther
Computer	Feuer
Garderobe	Luft
Steine	Erde
Lebensmittel	Erde/Wasser
Öle, Fette	Feuer
Heizung	Feuer
rote Farben	Feuer
blaue Farben	Wasser
Erdfarben	Erde
Meditationsplatz	Äther
Sportgeräte oder -raum	Luft
elektrische Installationen	Feuer
Bücher	Äther
Fahrzeuge	Luft/Feuer

All diese Dinge sollten im Hinblick auf die acht Himmelsrichtungen so angeordnet werden, dass sie mit den Qualitäten der diesen entsprechenden Elemente korrespondieren. Hierzu ist es wichtig, die Beziehung der Elemente untereinander zu kennen:

Element	anziehend	abstoßend	unterstützend
Erde	Feuer	Luft	Wasser
Wasser	Luft	Feuer	Erde
Feuer	Erde	Wasser	Luft
Luft	Wasser	Erde	Feuer

Dieser Tabelle ist beispielsweise zu entnehmen, dass Gegenstände, die dem Element Wasser zugeordnet sind, nicht im Südosten aufgestellt werden sollten, da dort das Element Feuer vorherrschend ist, welches Wasser abstößt.

Einfluss 3: Die neun Planeten
Da jede Himmelsrichtung von einem der neun Planeten beherrscht wird, lassen sich deren Eigenschaften direkt auf die Raumverhältnisse übertragen. Insbesondere die Beziehung zwischen den Himmelsrichtungen, den Lebensbereichen der Bewohner und den einzelnen Bewohnern selbst wird durch ein tieferes Verständnis der neun Planeten hergestellt. Die folgende Übersicht fasst deren Eigenschaften zusammen:

Mond: Bewegung; Emotionen; Beziehungen; Kommunikation	**Merkur:** Kommunikation; finanzielle Belange; Intelligenz; Sprache	**Jupiter:** Lernen; Lehren; Wahrnehmung; Wachstum; Reinheit **Ketu:** Heilung; Beeinflussung
Saturn: Ausdauer; zum Abschluss bringen; Zerstörung; Disziplin; Standhaftigkeit; Zeit; Gedächtnis		**Sonne:** Gesundheit; Karriere; Wille; Position; Vitalität
Rahu: Dunkelheit; Größe; Expansion; Materialismus; Fremdbeherrschung	**Mars:** Kampf; Beruf; Ehrgeiz; Herausforderungen; Schwierigkeiten; Stärke	**Venus:** Liebe; Genuss; Ästhetik; Sinnlichkeit

Einfluss 4: Eintausendundeins physikalische Faktoren
Auch auf der physikalischen Ebene wirken vielfache Einflüsse unterschiedlicher Herkunft in den acht Himmelsrichtungen. Die wichtigsten Faktoren sind die Bahn der Sonne und des Mondes, das Wetter und der Wind sowie das magnetische Feld der Erde. Die folgende Übersicht fasst den Einfluss der Sonne und des Wetters zusammen:

Wind und Wetterseite; Bewegung und Regen	gleichmäßiges Licht hoher Qualität für Ateliers und Bibliotheken; geringer Einfluss der Sonne	Richtung, aus der die Energie und Strahlung kurz vor Sonnenaufgang kommt; sehr feine Schwingungen und UV-Licht
Sonnenuntergang; Richtung der Ruhe und Vervollkommnung; Abschluss		Sonnenaufgang; die Kraft des Neubeginns; Vitalität; hoher Anteil von UV-Strahlung; Licht
Verminderte Qualität der Sonneinstrahlung mit erhöhtem Infrarot-Anteil; entzieht dem Körper mehr Energie, als sie ihm gibt	Die Sonne steht im Zenit; brennende bis lebensvernichtende Qualität der Sonneneinstrahlung	Richtung der längsten Sonneneinstrahlung pro Tag; Wärme

91

KAPITEL VI

Ein Rundgang durchs Haus –
Die Veden-Akademie „Burg Schöna"

In diesem Kapitel werden viele Details des Vasati anhand eines praktischen Beispiels erklärt. Dabei handelt es sich um ein großes Gebäude in der Sächsischen Schweiz, das am Ufer der Elbe auf einem Sandsteinfelsen gelegen ist. Wir werden einen Rundgang durch dieses Gebäude unternehmen und dabei nicht nur vieles über seine positiven und negativen Eigenschaften nach den Kriterien des Vasati, sondern auch über dessen allgemeine Prinzipien erfahren.

Das Gebäude, das wir besichtigen, ist die Veden-Akademie in Schöna, von den Einheimischen auch Burg Schöna genannt, da die Gebäude wie bei einer Burganlage mit einem befriedeten Innenhof angeordnet sind und majestätisch auf einem gut sichtbaren Felsen oberhalb der Elbe thronen.

Veden-Akademie „Burg Schöna" aus der Perspektive der gegenüberliegenden Elbseite

93

Die Umgebung der Burg Schöna

Die Elbe fließt im Nordosten der Gebäude aus dem Südosten in Richtung Nordwesten. Dieser Umstand ist glückverheißend. Flüsse und andere Gewässer wie Seen und Teiche sollten sich generell am besten im Osten, Norden oder Nordosten der Gebäude beziehungsweise des Grundstücks befinden. Wasser im Süden, Westen und Südwesten gilt hingegen als ungünstig. Ein Fluss sollte dem natürlichen Gefälle folgend aus dem Süden in Richtung Norden fließen, wenn er sich im Osten befindet, während er aus dem Westen in Richtung Osten fließen sollte, wenn er im Norden liegt. Unser Beispiel entspricht auch den allgemeinen Vasati-Prinzipien, wonach der Südosten nach Möglichkeit etwas höher als der Nordwesten liegen sollte, was auch den Flussverlauf aus dem Südosten in Richtung Nordwesten bestimmt.

Es gilt in jedem Falle als günstig, wenn sich ein Gebäude an einem Fluss oder an einem See befindet, doch die eben beschriebene Lage weist alle positiven Eigenschaften auf.

Das Grundstück fällt in Richtung Nordosten zur Elbe hin ab und steigt in Richtung Südwesten an. Im Südwesten befinden sich Hügel, weshalb das Anwesen am Abend bei Sonnenuntergang früher im Schatten liegt. Dieser Umstand ist ebenfalls positiv zu bewerten, da Berge und hohe Bäume im Südwesten das Grundstück und die Gebäude vor negativen Energien schützen. Allerdings befinden sich auf der anderen Elbseite ebenfalls hohe Berge, die die Hügel im Südwesten an Höhe deutlich überragen. Das bedeutet, dass die Sonne im Osten morgens etwas länger braucht, um hinter den Bergen hervorzukommen. Da sich zwischen diesen Bergen und dem Grundstück der Burg Schöna jedoch die Elbe befindet, fällt dieser ungünstige Umstand nicht so sehr ins Gewicht. Die äußere Umgebung des Grundstücks weist also günstige Eigenschaften auf, was für die Bewertung nach den Vasati-Prinzipien wichtig ist. Es gilt nämlich die einfache Regel, dass die natürlichen von Gott geschaffenen Dinge, wie Gewässer, Berge, natürliche Gefälle, Bodenbeschaffenheit usw. stärker wirken als von Menschen geschaffene Dinge, wie die Aufteilung der Gebäude usw.

Das Grundstück

Da die Veden-Akademie in eine bergige Landschaft eingebettet ist, ist das Grundstück von Natur aus unregelmäßig geformt. In gebirgigen Gegenden fällt diese an sich negative Eigenschaft nicht so stark ins Gewicht wie in der Ebene, da hier die natürlichen äußeren Gegebenheiten stärker wirken. Allerdings besitzt das Grundstück im Südosten der Gebäude deutlich mehr Platz als im Nordwesten, was den Forderungen des Vasati widerspricht. Hierdurch ist eine leichte Störung in der Beziehung zwischen dem Luft- und dem Feuerelement zu erwarten. Eine Tendenz zu Streit, problematische Beziehungen und Pitta-Vata-Störungen[10] könnten die Folge sein. Ansonsten ist das Grundstücks positiv zu bewerten. Lediglich eine hohe Kiefer im Nordosten des Hauptgebäudes war problematisch und wurde gefällt. Ein solch gigantischer Baum in dieser Himmelsrichtung erzeugt eine starke Blockade der einströmenden Energien.

Die Zufahrt führt aus dem Südwesten auf das Grundstück zu und trifft in der westlichen Ecke auf die Gebäude, wo sich auch das Tor zum Inneren des Gebäudekomplexes befindet.

Die Lage des Haupteingangs

Das Gebäude selbst liegt um ca. 45° verdreht zu den Haupthimmelsrichtungen. In einem solchen Fall ist diese Lage des Haupteingangs als positiv zu bewerten. Im allgemeinen sind Eingänge im Osten und Norden gegenüber solchen in Westen und Süden vorzuziehen. Ein Eingang im Westen besitzt jedoch auch Vorteile, da er beispielsweise viele Menschen anzieht und sich förderlich auf die Popularität des Projektes und seiner Bewohner auswirkt. Für eine Akademie mit Seminarbetrieb und Fernstudiengängen ist ein Eingang im Westen daher nicht zu verachten. Eingänge im Süden und Südwesten sollten jedoch möglichst vermieden werden, da sie negativen Energien Einlass in die Gebäude und das Grundstück gewähren.

---

[10] ayurvedischer Fachausdruck für Ungleichgewichte der Elemente Feuer und Luft

Der Haupteingang sollte möglichst einladend und großzügig gestaltet werden, was in diesem Fall gegeben ist. Es ist förderlich und trägt zum Schutz vor ungebetenen Gästen bei, über dem Eingang glückverheißende und beschützende Darstellungen anzubringen. Dies können Segenssprüche, Heiligengestalten oder glückverheißende Symbole sein.

Das Tor sollte stark sein, um unerwünschten Energien keinen leichten Zugang zum Grundstück oder Gebäude zu gewähren.

Die Anordnung der Gebäude

Tritt man durch das Haupttor in das Innere des Gebäudekomplexes hinein, gelangt man in den geräumigen Innenhof, um den herum in den vier Nebenhimmelsrichtungen vier Gebäudeteile angeordnet sind. Das Hauptgebäude befindet sich im Nordosten des Hofes und ist deutlich höher als alle anderen Gebäudeteile.

Dies widerspricht den Prinzipien des Vasati, die besagen, dass der höchste Gebäudeteil im Südwesten liegen sollte. Ebenso wie das Grundstück sollte auch das Gebäude im Südwesten am höchsten liegen und in Richtung Nordosten niedriger sein. Gebäudeteile im Süden sollten höher sein als solche im Norden, während Gebäude im Westen höher sein sollten als Gebäudeteile im Osten. Ebenso sollte der Südosten leicht höher liegen als der Nordwesten.

Veden-Akademie von hinten

96

Dem Hauptgebäude gegenüber im Südwesten liegt ein Nebengebäude, das Toiletten, Garagen, Generatoren und Lagerräume enthält. Ein weiteres Nebengebäude im Südosten ist das zweithöchste Gebäude. Es enthält Wohnräume, Ateliers, ein Videostudio und Gästezimmer. Gegenüber im Nordwesten liegt der niedrigste Gebäudeteil mit Werkstätten, einem Pizzaofen und Lagerräumen.

Die ungünstige Anordnung der Gebäude hinsichtlich ihrer Höhe wird jedoch durch die im Sinne des Vasati idealen energetischen Eigenschaften der Umgebung ausgeglichen, so dass der Gebäudekomplex letztlich in ein positives Gesamtenergiefeld eingebettet ist.

Als positiv ist der geräumige und freie Innenhof zu bewerten, der als energetisches Zentrum des gesamten Gebäudekomplexes angesehen werden kann. Nach den Design-Empfehlungen des Vasati sollte jedes Gebäude einen solchen freien Innenhof, einen Lichthof oder ein Atrium besitzen, von dem aus die Energien in alle Teile des Gebäudes verteilt werden können und gleichzeitig ein vertikaler energetischer Austausch zwischen oben und unten stattfinden kann.

Foto des Innenhofes

97

Südwestansicht mit Innenhof

Lediglich die große Blautanne im Nordwesten des Innenhofes stellt eine leichte Störung der energetischen Dynamik dar. Ebenso sollten sich im Zentrum eines Gebäudes oder Gebäudekomplexes keine Gewässer, Vertiefungen oder schweren Gegenstände befinden.

Die Aufteilung der Gebäudefunktionen um den Innenhof herum

Nordöstlich vom Innenhof befindet sich das Hauptgebäude mit der Verwaltung des Seminarbetriebes, dem Seminarraum und den Wohnräumen der meisten Mitarbeiter und Bewohner der Akademie. Dieser Umstand gilt im Vasati als günstig, da die Qualität des Nordostens sowohl die Verwaltung als auch das Lehren und andere geistige Tätigkeiten fördert. Dies wird weiterhin dadurch unterstützt, dass die nordöstliche Fassade des Hauptgebäudes zur Elbe hin weist und sehr offen ist, da sie viele große Fenster enthält. Auch der großzügige Balkon im Nordosten des Erdgeschosses ist aus der Sicht des Vasati als positiv zu bewerten. Generell gilt ein Balkon im Osten, Norden und Nordosten als positiv, während er im Süden, Westen und Südwesten als ungünstig angesehen wird.

98

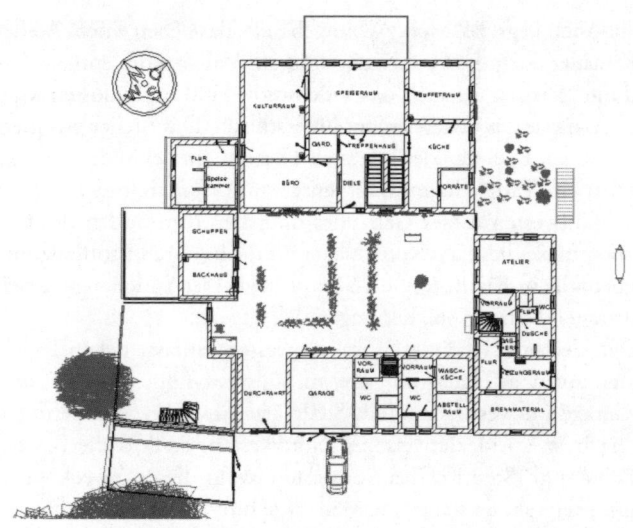

Grundriss des Erdgeschosses der Veden-Akademie

Das Atelier im Südosten

99

Im Südosten liegt das zweite Wohngebäude, das neben einem Atelier für Künstler auch die Gasheizung und ein Videostudio enthält. Sowohl die Heizung als auch das Videostudio sind im Südosten ideal platziert, da sie das Feuerelement unterstützen. Das Atelier profitiert auch von den Energien der Venus als Herrscherin des Südostens, die künstlerische Tätigkeiten mit ästhetischem Anspruch fördern.

Im Südwesten dieses Gebäudes und damit im Süden des Gesamtkomplexes liegt das Kohlenlager für die Festbrennstoffheizung, die ebenfalls in Richtung Süd-Südost liegt. Der Süden eignet sich hervorragend für ein solches Lager.

Der kleinere Gebäudeteil im Südwesten umfasst neben Lagerräumen auf dem Dachstuhl, die im Südwesten gut platziert sind, die Garage im westlichen Teil. Stellplätze für Fahrzeuge befinden sich nach Vasati idealerweise im Nordwesten, da dort die Beweglichkeit am größten ist. Der Südwesten ist für diesen Zweck weniger gut geeignet, da seine Energien träge und unbeweglich machen können. Die Lage der Garage in diesem Gebäudekomplex deutet also darauf hin, dass bei den Fahrzeugen häufiger mit technischen Schwierigkeiten zu rechnen sein könnte, so dass sie leicht ihre Beweglichkeit einbüßen können.

Die Werkstätten in den nordwestlichen Gebäudeteilen sind dort ebenso vorteilhaft platziert wie der Steinofen für Brote und Pizzas. Zum Backen eignet sich die Energie des Nordwestens besonders gut, da sich dort die feurige Energie des Südostens widerspiegelt und mit der Bewegung und Frische des Luftelements verbindet.

Das Hauptgebäude

Das Hauptgebäude im Nordosten besitzt neben dem Keller und dem Erdgeschoss ein Obergeschoss und ein Dachgeschoss.

Keller

Der Keller befindet sich vor allem im nordöstlichen Bereich des Hauptgebäudes, was aus der Sicht des Vasati als sehr positiv bewertet wird. Im allgemeinen sollte nicht das gesamte Gebäude unterkellert werden, sondern lediglich die östliche oder nördliche Hälfte. Die beste

100

Möglichkeit besteht darin, nur den nordöstlichen Quadranten zu unterkellern, was in diesem Gebäudekomplex gegeben ist. Unterirdische Räume wie Keller sollten sich nicht im Südwesten, Süden oder Westen eines Gebäudes befinden. Falls der Südwesten bei einem Gebäude trotzdem unterkellert ist, sollte dieser Keller möglichst als Abstellraum oder Lager für schwere Gegenstände verwendet werden.

Haupteingang
Der Eingang zum Hauptgebäude liegt genau in dessen Mitte im Südwesten. Dieser Bereich ist der schlechteste Platz für den Eingang, was nach Vasati eine wesentliche energetische Schwächung darstellt. Da es sich hierbei jedoch um einen Eingang von einem geschlossenen Innenhof zu einem Gebäudeteil handelt, fällt dieser Mangel nicht stark ins Gewicht. Wichtiger ist die Lage des Haupteingangs zu dem gesamten Gebäudekomplex.

Die Frontseite des Hauptgebäudes mit Haupteingang

Der Eingang besitzt, wie im Vasati empfohlen, zwei Flügel und ist in gelben, weißen und orangen Farben auffällig gestaltet. Es ist wichtig, den Haupteingang eines Gebäudes einladend, großzügig und schön zu gestalten, um positive Energien anzuziehen.

101

Die problematische Lage des Haupteingangs wird weiterhin dadurch verstärkt, dass ihm im Inneren des Hauses auf der anderen Seite des Flurs direkt eine weitere große Tür zum Speisesaal der Akademie gegenüberliegt. In der gleichen Linie folgt auf der nordöstlichen Seite des Gebäudes die Balkontür, wodurch die durch den Eingang einfließenden Energien das Haus über den Balkon direkt wieder verlassen.

Blick durch den Eingang auf das gegenüberliegende Elbufer

Dieser Umstand gilt als ungünstig, wenn die Bewegung der Energien in den Nebenhimmelsrichtungen erfolgt. In Richtung der Nord-Süd- oder Ost-West-Achse gelten solche Türreihen dagegen als vorteilhaft, wenn sie sich in energetisch starken Bereichen des Hauses befinden. Die folgende Grafik zeigt die energetisch starken Bereiche eines Raumes, Gebäudes oder Grundstücks.

102

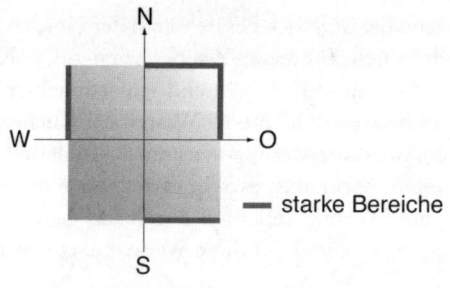

starke Bereiche

Starke Bereiche des Raumes

Aufteilung des Erdgeschosses

Die Aufteilung des Erdgeschosses entspricht grundlegend den Prinzipien des Vasati. Der Speisesaal im Nordosten wird gleichzeitig als Raum für die verschiedensten sozialen Anlässe verwendet und stellt den Haupttreffpunkt sowohl für die Bewohner als auch für Seminargäste dar. Hierfür ist der Nordosten gut geeignet.

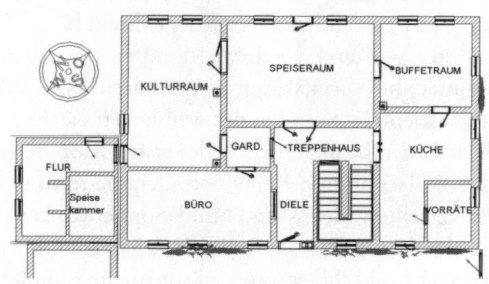

Grundriss des Hauptgebäudes

Im Osten liegt ein Raum, in dem das Essen serviert wird, während die Küche im Südosten optimal platziert ist. Unter Vasati-Gesichtspunkten ist auch die Lage der Speisekammer im Süden akzeptabel. Innerhalb der Küche befindet sich der Herd ebenfalls im Südosten, so dass man beim Kochen in Richtung Südosten schaut. Die Spülbecken befinden sich im Nordwesten und Westen der Küche, was

103

ebenfalls akzeptabel ist. Noch besser wären der Norden, Nordosten oder Osten der Küche für diesen Zweck geeignet. Der Kühlschrank sollte im Nordwesten stehen, während schwere Schränke und Regale in den Südwesten, Süden oder Westen der Küche gehören.

Ein aus der Sicht des Vasati gravierendes Problem des gesamten Gebäudes besteht darin, dass es kein klares energetisches Zentrum besitzt. Tragende Wände verlaufen durch das geometrische Zentrum hindurch und stören auf diese Weise die natürliche energetische Dynamik.

Sonnen- und Mondfenster[11]

Auf der anderen Seite des Gebäudes im Norden und Nordwesten liegt ein Raum zur Meditation und zum Gebet. Diese Nutzung wird durch die energetische Qualität des Nordens unterstützt. Im Westen des Gebäudes liegt das Büro, das gleichzeitig Rezeption und Versandraum ist. Damit befindet es sich direkt hinter den drei Sonnenfenstern des Hauses, was sowohl den Empfang der Gäste (Merkur) als auch die geschäftlichen Angelegenheiten (Merkur, Sonne) fördert.

Weniger günstig ist die Lage der Küche direkt hinter dem zweiten Mondfenster, während das dritte Mondfenster zugemauert ist, da sich dahinter die Vorratskammer befindet. Diese Küchenlage beeinflusst das mentale Befinden der weiblichen Köche negativ.

Am schlechtesten ist die Qualität des ersten Mondfensters, hinter dem sich die Treppe zum Keller befindet, die recht dunkel ist.

Aus der Verteilung der Mond- und Sonnenfenster und ihrer Qualität ist abzulesen, dass die weiblichen Energien im Hauptgebäude geschwächt sind. Hierzu sollten spirituelle Mond-Yantras in

---

[11] Die Fenster links vom Haupteingang (von innen betrachtet) werden als Mondfenster bezeichnet und sind den weiblichen Bewohnern des Hauses zugeordnet beziehungsweise den weiblichen Energien im Haus. Die Fenster rechts vom Haupteingang (von innen betrachtet) sind die Sonnenfenster und analog den männlichen Bewohnern bzw. Energien im Haus zugeordnet. Die energetische Qualität der Räume, die sich hinter den Fenstern befinden, hängt mit den Energien beziehungsweise Bewohnern zusammen, die diesen Fenstern zugeordnet sind (1. Mondfenster: Mutter; 2. Mondfenster: Tochter; 1. Sonnenfenster: Vater; 2. Sonnenfenster: Sohn).

den Mondfenstern aufgehängt werden. Die Erfahrung der Bewohner des Gebäudes hat gezeigt, dass die weiblichen Energien tatsächlich einige Zeit brauchten, um sich durchzusetzen.

Das erste Obergeschoss

Über das Treppenhaus gelangt man in das erste Obergeschoss und trifft auf zwei Türen. Die erste führt geradeaus in den Seminarraum und die zweite nach links in private Wohnräume. Der Seminarraum befindet sich im Nordosten an einem idealen Platz. Seine Energien sind durch die großzügige Fensterfront zur Elbe geprägt, die ausreichend Lebensenergie zur Verfügung stellt, was für intensive Seminare wichtig ist. Auch die Lichtverhältnisse des Nordostens sind für einen ungestörten Seminarbetrieb förderlich. Während man am frühen Vormittag in den Genuss der Morgensonne kommt, ist man durch den weiteren Verlauf der Sonne ab Mittag und die damit ständig wechselnden Lichtverhältnisse in anderen Richtungen nicht mehr betroffen.

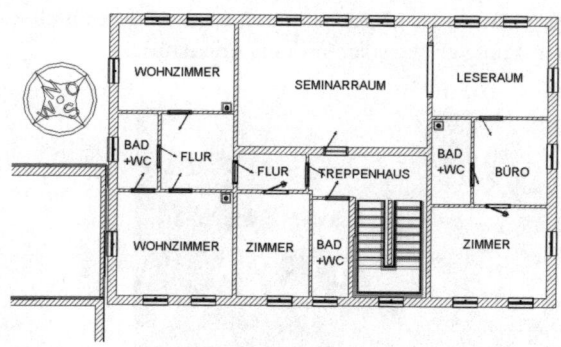

Grundriss des ersten Obergeschosses

105

Der Seminarraum

Im Osten schließt die Bibliothek direkt an den Seminarraum an. Der Osten eignet sich ebenfalls gut für intellektuelle Tätigkeiten und Lesen. Auch der Orgonakkumulator wird dort durch die förderlichen Energien des solaren Prana unterstützt.

Bibliothek mit Orgonakkumulator

Die beiden Räume im Südosten und Süden werden von einem Paar als Wohn- und Arbeitsräume genutzt. Auch die Räume hinter der zweiten Tür, die vom Treppenaufgang nach links führt, werden als private Wohnräume genutzt.

Das Zimmer im Westen besitzt unter Vasati-Gesichtspunkten einige interessante Aspekte. Ich habe diesen Raum von ca. zwei Jahren bezogen, nachdem ich für einige Zeit im Süden und Südosten der gleichen Etage lebte. Da der Westen viel besser mit meiner stärksten Himmelsrichtung, dem Norden, korrespondiert als der Süden und Südosten, fühlte ich mich im Westzimmer von Anfang an wohler.

Wohn-/Schlafzimmer im Westen

Im Südwesten des Raumes steht ein Bücherregal, das dieser Richtung das notwendige Gewicht verleihen soll. Das Bett wurde in der südlichen Ecke aufgestellt, sodass der Kopf beim Schlafen in Richtung Südosten liegt. In Diagonalhäusern sind der Südosten und der Südwesten als Schlafrichtung für den Kopf empfohlen, während der Nordwesten und der Nordosten vermieden werden sollten.

Der Schreibtisch wurde so platziert, dass man beim Lesen und Arbeiten in Richtung Nordosten schaut, die Tür sieht und das Bücherregal als Schutz im Rücken hat. Lediglich der große Kachelofen im Osten des Raumes stört die Harmonie der feinstofflichen Energieverteilung.

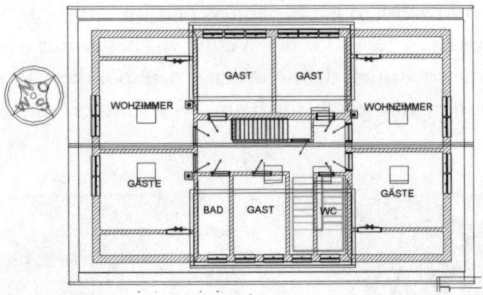

Das Dachgeschoss mit den Gästezimmern

Im Dachgeschoss des gleichen Hauses liegen die Gästezimmer der Akademie, die gleichmäßig in allen Himmelsrichtungen verteilt sind. Gäste können prinzipiell in allen Himmelsrichtungen schlafen, da sie die Räumlichkeiten im allgemeinen nicht lange Zeit nutzen. Bei der Einrichtung der Zimmer wurde jedoch besonders darauf geachtet, dass die Betten an energetisch günstigen Orten stehen, die nicht von Wasseradern, Kreuzungspunkten oder Verwerfungen belastet sind.

108

Ein kleines Klavier im nördlichen Raum eines Hauses fördert die feineren Schwingungen der organischen Lebensenergie, vor allem, wenn harmonisierende Stücke gespielt werden

Zusammenfassende Bewertung

Die Gebäude der Veden-Akademie besitzen insgesamt aus der Sicht des Vasati recht gute Eigenschaften. Da die natürlichen Einflüsse der Umgebung positiv sind, fallen einige kleine energetische Schwachpunkte nicht stark ins Gewicht. Die Anordnung der Gebäudeteile und der Räumlichkeiten innerhalb der Häuser entspricht im wesentlichen den Prinzipien des Vasati. Lediglich die Lage des Eingangs des Hauptgebäudes wirkt sich negativ auf die wirtschaftliche Entwicklung des Projektes aus. Im Falle eines Umbaus sollte der Eingang in die westliche Ecke gegenüber dem Haupteingang zum Hof verlegt werden.

109

Korrigierte Fassade mit verlegtem Haupteingang

KAPITEL VII

Vasati und Gesundheit

Da die Gesundheit des Menschen und sein allgemeines Wohlbefinden stark von der Qualität und Dynamik der feinstofflichen Energien seiner Umgebung abhängig sind, spiegeln sich die Eigenschaften eines Gebäudes aus der Sicht des Vasati häufig in dem Gesundheitszustand seiner Bewohner wider. Hierbei gibt es drei einander ergänzende Betrachtungsweisen:

1) die Qualität der Lebensenergie im Gebäude

2) die Zuordnung von Krankheiten und Organen zu den Himmelsrichtungen

3) Vasati und Ayurveda

Die Qualität der Lebensenergie im Gebäude

Die wichtigsten Kriterien, anhand derer man einen gesunden Lebensraum von einem krankmachenden unterscheiden kann, hängen mit den beiden Strömen der Lebensenergie aus dem Norden und Osten zusammen. Haben diese beiden Ströme ungehindert Zugang zu dem Grundstück und zu den Gebäuden und stehen sie in einem ausgewogenen Verhältnis zueinander, so besitzt der Wohnraum einen positiven Einfluss auf den gesundheitlichen Zustand seiner Bewohner.

Die folgende Checkliste ordnet verschiedenen Eigenschaften aus der Sicht des Vasati Minuspunkte zu. Um die gesundheitliche Wirkung eines Gebäudes auf seine Bewohner zu beurteilen, zählen Sie die Minuspunkte nach der folgenden Bewertungstabelle zusammen:

Mangel	Bewertung
Norden fensterlos	– – – – –
Abstellkammer im Norden	– – –
Toilette im Norden	– –
Norden durch hohe Bäume blockiert	– –
kein Platz auf dem Grundstück im Norden	– –
Müll im Norden	–
Nordosten fensterlos	– – –
Abstellraum im Nordosten	– – –
Toilette im Nordosten	– – – –
Müll im Nordosten	– – –
Osten fensterlos	– – – – –
Abstellraum im Osten	– – – – –
Toilette im Osten	–
Müll im Osten	– –
Osten durch hohe Bäume blockiert	– –
kein Platz auf dem Grundstück im Osten	– –
Haupteingang im Süden	– – –
Südwesten offen	– – –
Süden offen	– –

Zählen Sie die Minuspunkte der vorangehenden Bewertung zusammen. Wird ein Gebäude mit mehr als acht Minuspunkten bewertet, so besteht eine ernsthafte Gefährdung der Gesundheit durch die energetische Situation des Hauses.

Die Zuordnung von Krankheiten und Organen zu den Himmelsrichtungen

Im Vasati wird der Raum als ein lebendiges Wesen betrachtet, das mit Bewusstsein und Lebensenergie ausgestattet ist. Das Symbol dieses lebendigen Raumes ist der Vastu-Purusha, der als Halbgott die Energien des Raumes personifiziert. Er füllt in einer bestimmten Position die quadratische Grundmatrix aus, ebenso wie die feinstofflichen Energien den Wohnraum innerhalb des Raumes füllen.

Vastu-Purusha

113

Der Anatomie des Vastu-Purusha entsprechend lassen sich die Organe des menschlichen Körpers den acht Himmelsrichtungen zuordnen. Hierdurch wird die Beziehung zwischen dem Wohnraum und dem Körper des Menschen hergestellt, sodass man bestimmen kann, auf welchen Körperteil beziehungsweise welches Organ sich ein aus der Sicht von Vasati gestörter Energiefluss auswirkt. So bewirkt ein blockierter Osten beispielsweise Herzprobleme oder Augenkrankheiten, während Energiestörungen im Südosten zu Nierenerkrankungen oder Problemen mit den Fortpflanzungsorganen führen können.

Himmelsrichtungen und Organzuordnungen

Brust, linkes Auge beim Mann und rechtes Auge bei der Frau, Speiseröhre, Magen, Gebärmutter, Eierstöcke, Blase, lymphatisches System	Lunge, Nervensystem, Solarplexus	Hüften, Oberschenkel, Leber, Galle, Blase, Pankreas, Fettgehalt im Körper
Knochen, Haare, Zähne, Ohren		Herz, Wirbelsäule, rechtes Auge beim Mann und linkes Auge bei der Frau, Mund, Blinddarm, Hals, Kreislaufsystem, Gehirn
Knochen, Zähne	Kopf, äußere Geschlechtsteile, das linke Ohr, Muskeln, Blut, Gebärmutter, Prostata, Becken	Augen, Fortpflanzungsorgane, Haut, Hals, Kinn, Wangen, Nieren

114

Das folgende Diagramm gibt Hinweise darauf, welche Krankheiten durch Energiestörungen im Gebäude in einer bestimmten Himmelsrichtung auftreten können.

Mögliche Verbindung zwischen Krankheit und Himmelsrichtung

Erkrankungen der Atemwege, Verdauungsstörungen, Magenbeschwerden, Augenkrankheiten, Geisteskrankheiten, psychosomatische Krankheiten und mentale Instabilität	Nervenbeschwerden, Augenkrankheiten, Halsschmerzen, Anämie und Juckreiz	Krebs, Diabetes, Leberprobleme, Hüftschädigungen, Gallensteine und Hautprobleme
Arthritis, Rheuma, Gallensteine, schwache Knie, Knochen und Zähne, Depressionen		Herzkrankheiten, Augenprobleme, Kreislaufstörungen
Knochenerkrankungen, Fußkrankheiten	Masern, Mumps, Infektionen, Fieber, Erkältungen und Allergien	Augeninfektionen, Probleme mit den Eierstöcken, Hautkrankheiten, Schwellungen und Anämien, Leberprobleme, Nierenprobleme

115

Vasati und Ayurveda

Ayurveda ist die traditionelle indische Naturheilkunde. Viele Grundbegriffe des Ayurveda finden auch im Vasati Verwendung, da beiden Systemen ein gemeinsames Grundverständnis über die Funktionsweise der materiellen Natur, der fünf Elemente und den Fluss feinstofflicher Energien zu Grunde liegt.

Im Ayurveda werden drei Zustandsformen des Körpers unterschieden, die man auch als Konstitutionstypen bezeichnet:

Kapha (zusammengesetzt aus Erde und Wasser) mit den Qualitäten: Stabilisierung, Aufbau und Zusammenhalt

Pitta (zusammengesetzt aus Feuer und Wasser) mit den Qualitäten: Transformation, Umwandlung, Verdauung, Verbrennung, erzeugt Wärme

Vata (zusammengesetzt aus Äther und Luft) mit den Qualitäten: Koordination aller Bewegungen

Diese als *Doshas* bezeichneten Zustandsformen organischer Materie finden sich nicht nur im menschlichen Körper wieder, sondern in allen Bereichen der belebten Natur.

Die Konstitution eines Menschen wird durch ein bestimmtes Mischungsverhältnis der Doshas bestimmt, wobei zumeist eines der drei Doshas im Vordergrund steht. Aus dem Verhältnis der Doshas beziehungsweise aus deren Ungleichgewicht lässt sich ablesen, zu welchen Krankheiten oder anderen physischen und psychischen Merkmalen ein Mensch neigt. Der Zusammensetzung der drei Doshas aus den fünf Elementen entsprechend lassen sie sich wiederum den acht Himmelsrichtungen zuordnen:

116

NW	N		NO
	Vata	Vata/ Kapha	Sama Prakriti
W	Vata/ Kapha		Pitta/ Vata	O
	Kapha	Pitta/ Kapha	Pitta
SW		S	SO

Doshas und Himmelsrichtungen

Aus diesem Diagramm lässt sich ablesen, welche Zustandsform in einer bestimmten Himmelsrichtung gefördert wird. Ein Mensch, dessen Konstitution vor allem von Pitta (Feuer) beherrscht wird, sollte daher den Südosten und möglichst auch den Nordwesten als Schlafplatz meiden, da dort Pitta weiter erhöht werden könnte, sodass das Gleichgewicht noch stärker gestört wird. Er sollte seine Hauptaufenthaltsorte eher auf der Nordost/Südwest-Achse suchen, die mit dem für ihn ausgleichend wirkenden Kapha-Element und dem ausgewogenen Zustand aller Doshas *(Sama Prakriti)* in Beziehung steht.

Für den Vata-Typ gilt das Gleiche, nur dass er vor allem den Nordwesten meiden sollte, um sein Luftelement und damit das Vata in seinem Körper nicht unnötig zu erhöhen. Auch für ihn bildet Kapha im Südwesten und Nordosten das geeignete Gegenmittel.

Genau das Gegenteil gilt für den Kapha-Typ, der mit der Nordost/Südwest-Achse Schwierigkeiten hat, da seine Tendenz zur Trägheit durch sie noch unterstützt wird. Er sollte seine Tätigkeiten und Aufenthaltsorte vor allem auf der dynamischen Nordwest/Südost-Achse suchen, die durch Bewegung und Feuer gekennzeichnet ist.

Auf diese Weise ließe sich für jeden Menschen ein seinem Konstitutionstyp entsprechender Haustyp entwerfen.

117

Beispiele für den Zusammenhang zwischen chronischen Erkrankungen und Vasati

Dieser Abschnitt enthält zwei Beispiele, die den Zusammenhang zwischen Energiestörungen im Sinne des Vasati und daraus resultierenden chronischen Erkrankungen zeigen. Im Rahmen einer von der Veden-Akademie durchgeführten Studie wurde eine große Anzahl solcher Beispiele zusammengetragen, um die Auswirkungen von Raumeigenschaften aus der Sicht von Vasati im gesundheitlichen Bereich zu verstehen und wissenschaftlich zu belegen. Hierbei wurden grundlegende Kriterien erkannt, die das Risiko für bestimmte chronische Erkrankungen erhöhen.

Das erste Beispiel zeigt eine Wohnung, in der eine Krebserkrankung aufgetreten ist.

Erhöhtes Krebsrisiko

In diesem Beispiel sind mehrere Kriterien erfüllt, die zu einem erhöhten Krebsrisiko führen. Die gravierendste Energiestörung nach Vasati besteht in der Lage der Toilette im Nordosten.

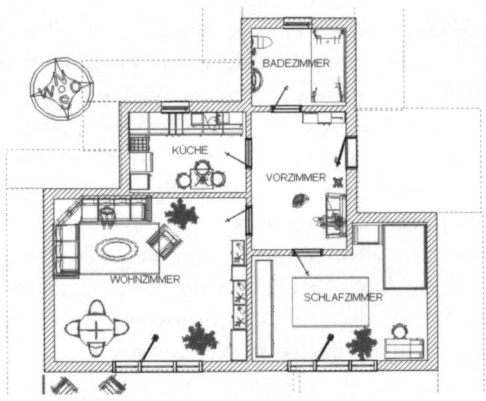

Grundriss

118

Weiterhin ist der Osten fensterlos, wodurch eine starke Schwächung des solaren Aspektes der Lebensenergie gegeben ist. Die Beeinträchtigung des Nordostens wird außerdem dadurch verstärkt, dass dieser Bereich aus der Wohnung ausgeschnitten ist und somit einen Fehlbereich bildet. Hinzu kommt eine Erweiterung im Südosten, die als Schlafzimmer genutzt wird. Aufgrund der starken Präsenz des Feuerelements ist der Südosten als Schlafzimmer nicht geeignet und fördert somit die Tendenz zu chronischen Erkrankungen.

Die starke Öffnung des Südens im Vergleich zu den kleinen Fenstern im Norden trägt weiterhin dazu bei, dass das Immunsystem der Bewohner geschwächt wird.

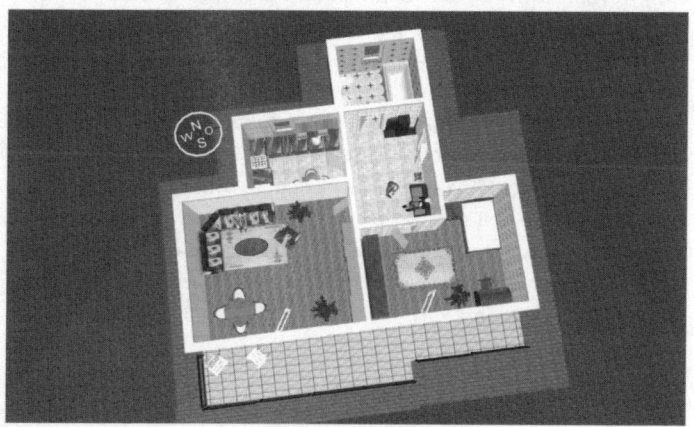

Die gleiche Wohnung aus der Vogelperspektive

Nach Bezug dieser Wohnung klagte die Bewohnerin über ständige Erkältungen, Nebenhöhlenvereiterungen, Zahn- und Kiefervereiterungen, Bronchitis und Depressionen. Die Erkältungen sind ein Hinweis auf ein durch den fehlenden Zustrom der Lebensenergie geschwächtes Immunsystem. Das Schlafzimmer im Südosten und die dort befindliche Erweiterung der Wohnung führt dazu, dass derartige Erkrankungen gehäuft im Bereich des zu starken Feuerelements auftreten. Entzündliche Krankheiten und Infektionen im

119

Bereich der Lunge und der oberen Atemwege sind zu erwarten gewesen, da sich zusätzlich im Nordwesten der Wohnung ein Fehlbereich befindet, der das Atmungssystem beeinträchtigt.

Ein Fehlbereich im Nordwesten kann sich auch negativ auf die psychische und emotionale Befindlichkeit auswirken, was in den aufgetretenen Depressionen zum Ausdruck kommt.

Anderthalb Jahre nach Einzug in diese Wohnung erkrankte die Bewohnerin an Krebs. Diese Diagnose ist nicht überraschend, da in der vorliegenden Wohnung nach Vasati-Kriterien eine Vielzahl von Energiestörungen zusammenspielen. Insbesondere in Kombination mit Blockierungen im Nordosten bedeutet eine solche Verkettung von Störquellen eine deutlich erhöhte Krebsgefahr.

Der Bewohnerin wäre in diesem Fall zu empfehlen, die Wohnung möglichst schnell zu verlassen, um sich an einem energetisch günstigeren Ort zu kurieren. Vor allem, wenn sich die Folgen von Energiestörungen nach Definition von Vasati bereits so massiv manifestieren, ist eine solch drastische Maßnahme unbedingt erforderlich.

Ist ein baldiger Umzug nicht möglich, so sollte auf jeden Fall das Schlafzimmer in den südwestlichen Raum verlegt werden. Im Osten sollte ein spirituelles Sonnen-Yantra angebracht werden, während der Fehlbereich im Nordwesten durch ein spirituelles Mond-Yantra ausgeglichen werden kann.

Spirituelles Mond-Yantra

Dieses könnte im Fenster der Küche als transparente Folie befestigt werden. In der nordwestlichen Ecke des Flures sollte ein Meru-

120

Chakra aufgestellt werden, um die blockierte Lebensenergie im Norden und Nordosten zu beleben.

Spirituelles Jupiter-Yantra

Zusätzlich wäre ein spirituelles Jupiter-Yantra oberhalb der Badezimmertür angeraten, um die Energiestörungen im Nordosten zu neutralisieren.

Psychologische Probleme

Das zweite Beispiel zeigt eine Mietwohnung im Allgäu in der zweiten Etage eines größeren Gebäudeblocks. Da die Wohnung in der Mitte eines längeren Gebäudes liegt, besitzt sie nur im Norden und Süden Fenster, während der Westen und Osten fensterlos sind.

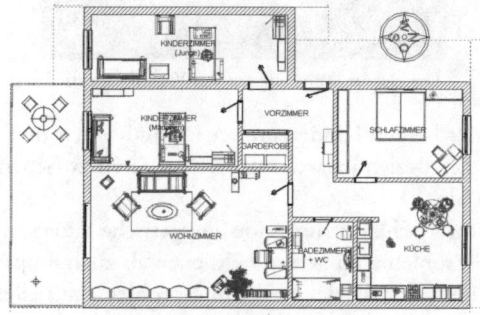

Grundriss der Mietwohnung

121

Neben dem blockierten Osten fällt bei dieser Wohnung der große Fehlbereich im Nordwesten auf. Dem steht eine recht große Erweiterung im Südwesten gegenüber, was ebenfalls als ungünstig zu bewerten ist. Die Küche im Nordosten könnte die Ursache mentaler Probleme sein.

Der Eingang im Nordwesten deutet auf Beziehungsprobleme hin, was durch den hier lokalisierten Fehlbereich weiter verstärkt wird. Dieser kann auch psychische Störungen oder Depressionen hervorrufen, was sich in der Lebenssituation der Bewohner widerspiegelt. Besonders stark betroffen werden die männlichen Bewohner sein, da der Osten vollständig blockiert ist. Insbesondere die Kariere des Mannes und die Entwicklung des Sohnes werden hiervon in Mitleidenschaft gezogen.

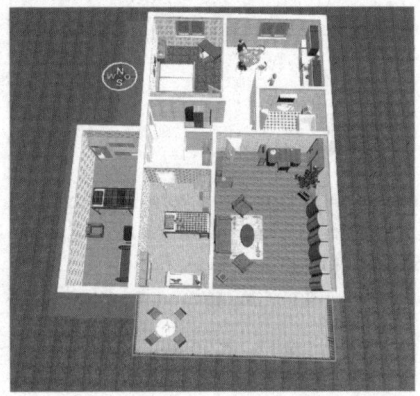

Die gleiche Wohnung aus der Vogelperspektive

Die Lage der beiden Kinderzimmer im Südwesten und der Fehlbereich in der Beziehungsecke deutet auf Streit zwischen den Geschwistern hin.

Insgesamt gesehen ist hier eine energetische Situation gegeben, die sowohl Probleme im gesundheitlichen als auch im psychischen Bereich fördert und in der Beziehungsprobleme auf allen Ebenen wahrscheinlich sind.

122

Spirituelle Sonnen-Yantras im Osten des Wohnzimmers und der Küche könnten helfen, die solare Lebensenergie im Haus zu stärken.

Spirituelles Sonnen-Yantra

Im Nordwesten sollte im Schlafzimmer ein spirituelles Mond-Yantra an der westlichen Wand platziert werden, um den Auswirkungen des Fehlbereiches entgegenzuwirken. Im Südwesten des Kinderzimmers des Jungen sollte ein spirituelles Rahu-Yantra platziert werden, um der Südwest-Erweiterung entgegenzuwirken.

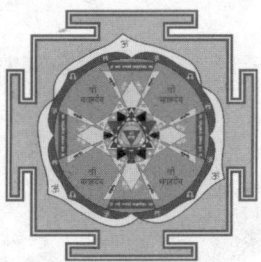

Spirituelles Rahu-Yantra

Im Zentrum der Wohnung könnte ein Meru-Chakra oder eine Vasati-Pyramide helfen, die dort gestauten Energien wieder in Bewegung zu bringen.

Drei positive Vasati-Beispiele

Ein Einfamilienhaus mit guten Vasati-Eigenschaften

Dieses einfache Einfamilienhaus besitzt nur ein Geschoss, sodass sich alle Raumfunktionen auf einer Ebene befinden. Auf dem Grundstück ist das Haus im Südwesten gelegen, damit die Mitte und der Nordosten frei bleiben. Damit ergeben sich auch im Osten und Norden des Grundstücks große freie Flächen, was zu einer vorteilhaften energetischen Gesamtsituation führt.

Im Süden und Westen des Hauses sind weiterhin hohe Bäume gepflanzt, die einen zusätzlichen energetischen Schutz in diesen kritischen Richtungen darstellen. Obwohl dieses Beispiel streng den Prinzipien des Vasati folgt, werden es die meisten Menschen vorziehen, den Süden stärker zu öffnen. Das zweite Beispiel wird diesen Wunsch berücksichtigen.

Einfamilienhaus mit Grundstück. Die Straße verläuft im Norden des Grundstücks

Im Nordosten des Grundstücks befindet sich ein kleiner Teich mit Springbrunnen, der das positive Energiepotenzial dieser Richtung weiter erhöht. Die Einfahrt zum Grundstück liegt im Norden und auch das Haus besitzt seinen Haupteingang im Norden, was nach Vasati einer hervorragenden Lage entspricht.

124

Die Vorderseite des Hauses mit Haupteingang im Norden

Man tritt durch den großzügigen Haupteingang im Norden in die Diele ein, der eine Halle folgt, welche die energetische Mitte des Hauses bildet und durch eine große Tür mit dem Wohnzimmer verbunden ist. Ist diese geöffnet, so erweitert sich das Wohnzimmer, wodurch die energetische Mitte in den Wohnraum mit einbezogen ist.

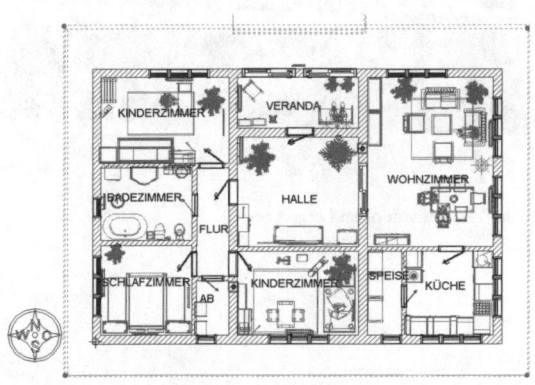

Grundriss des Erdgeschosses

125

Das Wohnzimmer liegt im Nordosten, was eine laut Vasati ideale Lage darstellt. Im Süden des Wohnzimmers schließt die Küche im Südosten des Hauses an.

Der Süden und Westen des Hauses werden als privater Wohnbereich mit einem separaten Flur westlich von der zentralen Halle erschlossen. Ein Kinderzimmer liegt im Süden, das Schlafzimmer der Eltern im Südwesten und das zweite Kinderzimmer im Nordwesten.

Die großzügigen Fenster und Türen im Norden und Osten des Hauses tragen weiter zu einem aus der Sicht von Vasati hervorragenden Energiefeld bei.

Das Innere des Hauses von oben betrachtet

126

Ein beispielhaftes Einfamilienhaus mit offenem Süden

Dieses Beispiel stellt einen guten Kompromiss zwischen den Prinzipien des Vasati und den nord- und mitteleuropäischen klimatischen Verhältnissen dar. Es besitzt einen geöffneten Süden mit Terrasse und eine Art kleinen Wintergarten im Südosten. Als Ausgleich hierfür sind jedoch auch der Norden und der Osten mit ausreichend großen Fensterflächen versehen und der Haupteingang des Hauses befindet sich ebenfalls im Norden.

Die Nordseite des Hauses mit dem im Osten sichtbaren Erker

Die Diele im Norden des Hauses führt direkt in das Wohnzimmer, das den ganzen Süden, Südosten und Osten des Hauses einnimmt. Da der Südwesten sich nicht innerhalb des Wohnzimmers befindet, entspricht dies den Prinzipien des Vasati.

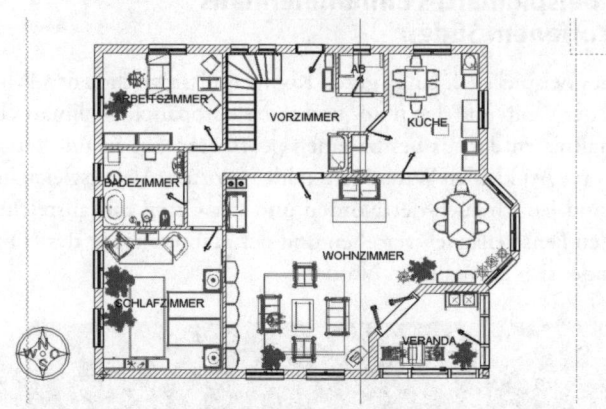

Das Erdgeschoss

Eine Schwachstelle des vorliegenden Grundrisses bildet die Lage der Küche im Nordosten des Erdgeschosses, was zu leichten mentalen Spannungen bei den weiblichen Bewohnern führen kann. Da das Haus jedoch ansonsten aus der Sicht von Vasati sehr gute Eigenschaften besitzt, wird diese Energiestörung in gewisser Weise aufgefangen.

Das Schlafzimmer mit Bad im Südwesten und Westen wird in diesem Beispiel durch einen separaten Flur erschlossen, der auch zu dem Arbeitszimmer im Nordwesten führt.

Der Erker im Osten des Hauses durchbricht die rechteckige Form und stellt damit eine willkommene Auflockerung dar. Der Fehlbereich im Südosten wird durch den kleinen Wintergarten in diesem Bereich ausgeglichen.

128

Südost-Ansicht mit Wintergarten und Erker

Das Erdgeschoss aus der Vogelperspektive

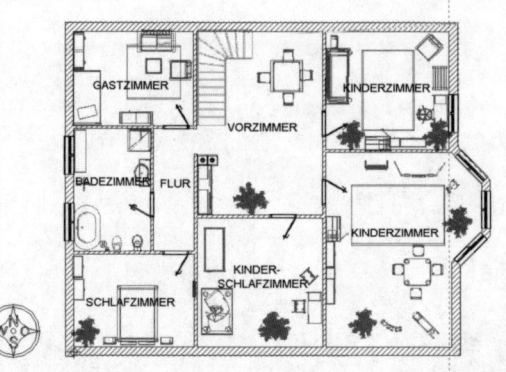

Das Obergeschoss des gleichen Hauses mit den privaten Schlafräumen und Kinderzimmern

Der Westen des ersten Obergeschosses wird hier für ein großes Badezimmer genutzt. Das große Kinderzimmer im Südosten sollte nur zum Spielen und zum Aufenthalt der Kinder, jedoch nicht zum Schlafen genutzt werden, da seine Energien zu viel Feuer besitzen. Dafür wurde im Süden ein reines Schlafzimmer für die Kinder eingerichtet.

Das gleiche Obergeschoss aus der Vogelperspektive betrachtet

130

Ein ideales Vasati-Haus mit quadratischem Grundriss

Das hier beschriebene Wohnhaus einer Familie mit drei Kindern erfüllt alle Kriterien eines idealen Vasati-Hauses. Seine Form ist quadratisch und exakt nach den vier Himmelsrichtungen ausgerichtet. Der Eingang befindet sich im Norden.

Das Haus besitzt einen offenen und freien quadratischen Innenraum, der durch beide Stockwerke führt, sodass sich die Energien vom Zentrum aus in alle Richtungen verteilen können. Im Zentrum des Innenraumes besitzt die Decke des Erdgeschosses eine ca. 1,5 x 1,5 m große Öffnung, um den vertikalen Energiefluss zwischen unten und oben nicht zu behindern.

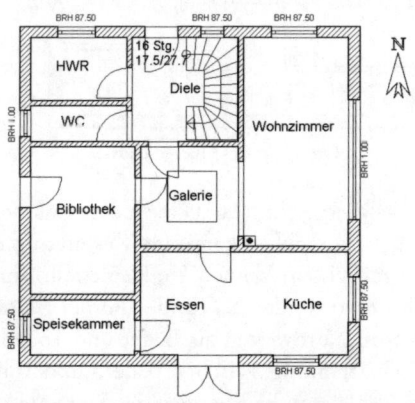

Grundriss des Erdgeschosses

Die Symmetrie des Erdgeschosses beruht auf einer Vierteilung der um den quadratischen Innenraum verbleibenden Fläche in vier rechteckige Flügel mit den Proportionen von ca. 2 : 1. Der Nordostflügel wird als Wohnzimmer, der Südostflügel als Küche, der Westflügel als Bibliothek und der Nord/Nordwestflügel als Diele und Hauswirtschaftsbereich genutzt. Als Außenmaß wurde eine Länge von 10,98 m gewählt, was einen Umfang von 183 P und damit eine günstige Yoni-Zahl von 7 ergibt.

131

Im Obergeschoss befinden sich ein Elternschlafzimmer und drei Kinderschlafzimmer, die nach den Qualitäten der persönlichen Himmelsrichtungen der fünf Bewohner platziert wurden.

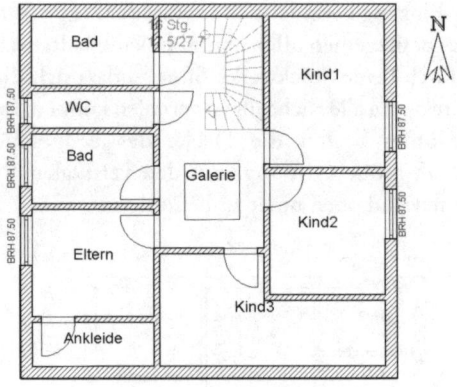

Grundriss des Obergeschosses

Im Zentrum des Obergeschosses ist eine kleine Galerie, von der aus man in das Erdgeschoss sehen kann. Im Westen ist das Schlafzimmer der Eltern mit einem kleinen Umkleideraum im Südwesten. Die Räume im Osten werden als Kinderzimmer genutzt, während die drei Räume im Nordwesten als Bäder und Toilette zur Verfügung stehen. Die Trennung zwischen Bädern und Toiletten wurde hier bewusst gewählt, um die Energien der Reinigung (Bäder) und der Entleerung (Toilette) voneinander zu trennen.

132

Die Vasati-Mindmap

Was ist eine Mindmap?

Diese Mindmap stellt auf einen Blick das System des Vasati mit seinen wichtigsten Elementen wie den zwölf Erfolgsgesetzen und den vier Werkzeugen dar. Eine Mindmap zeigt neben den Hauptelementen eines Systems auch die Querverbindungen zwischen diesen Elementen auf und gibt damit eine schnelle Übersicht.

Die Elemente der Mindmap

Vom Zentrum der Mindmap gehen vier Hauptzweige aus. Im rechten oberen Bereich sind die zwölf Gesetze des richtigen Wohnens aufgeführt.

Im linken oberen Bereich sind die vier Werkzeuge platziert, von denen sich die neun Korrekturebenen auf die Analyse und Korrektur bereits bestehender Gebäude beziehen, während der Design-Prozess vor allem bei der Planung eines Neubaus zur Anwendung kommt. Diese beiden Anwendungsformen einer Vasati-Beratung sind im unteren linken Bereich der Mindmap dargestellt.

Im unteren rechten Quadranten befinden sich die vier Hilfsmittel des Vasati, die bei einer Vasati-Beratung die Anwendung der vier Werkzeuge unterstützen. Das geomantische Wissen um die Erdgitternetze (Hartmanngitter) fließt mit dem dritten Gesetz der geometrischen Ebene zusammen. Das Hartmanngitter sollte so parallel zum Gitter des Vastupurusha-Mandala liegen, dass das Zentrum des Gebäudes (mittleres Feld) frei von Linien oder Kreuzungspunkten des Hartmanngitters ist. Weiterhin sollten keine Mauern des Gebäudes mit den Linien des Hartmanngitters zusammenfallen.

Die Sonnen- und Mondfenster müssen bei der Analyse eines Gebäudes berücksichtigt werden, um die Wechselwirkungen der Planeten innerhalb des Hauses richtig zu beurteilen. Ebenso ist eine exakte Bewertung der planetarischen Beziehungen aller Bereiche und Aspekte des Hauses notwendig.

Die Orientierung des Gebäudes beeinflusst in starkem Maße den Zufluss der geophysikalischen Energieströme in das Haus und sollte daher in den Design-Prozess mit einbezogen werden.

Es gibt noch weitere vier Hilfsmittel, die in diesem Buch nicht näher erläutert sind, der Vollständigkeit halber an dieser Stelle aber erwähnt werden sollen. Dazu gehören Kategorien für die Ermitt-

Das System des Vasati mit seinen wichtigsten Elementen

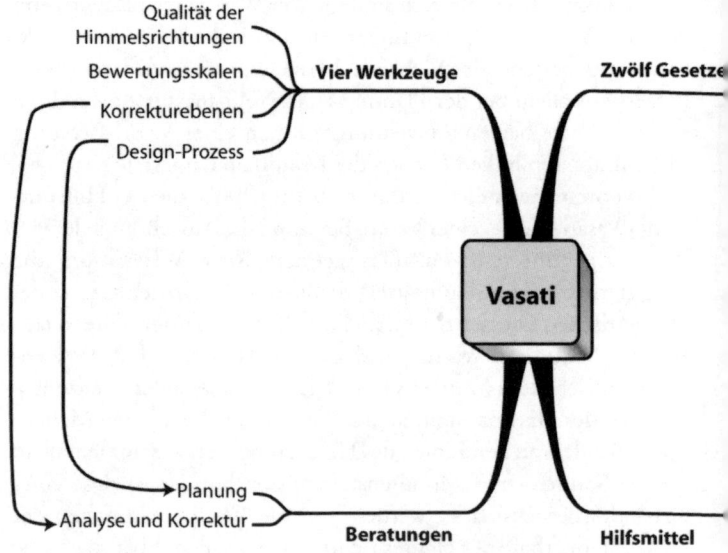

lung von energetischen Schwächen und Blockierungen, Entscheidungskriterien für die Beurteilung, eine bestimmte Beratungsstruktur für die Vasati-Analyse und schließlich begleitende traditionelle Zeremonien. All diese Aspekte fließen in die Planung und Beratung ein.

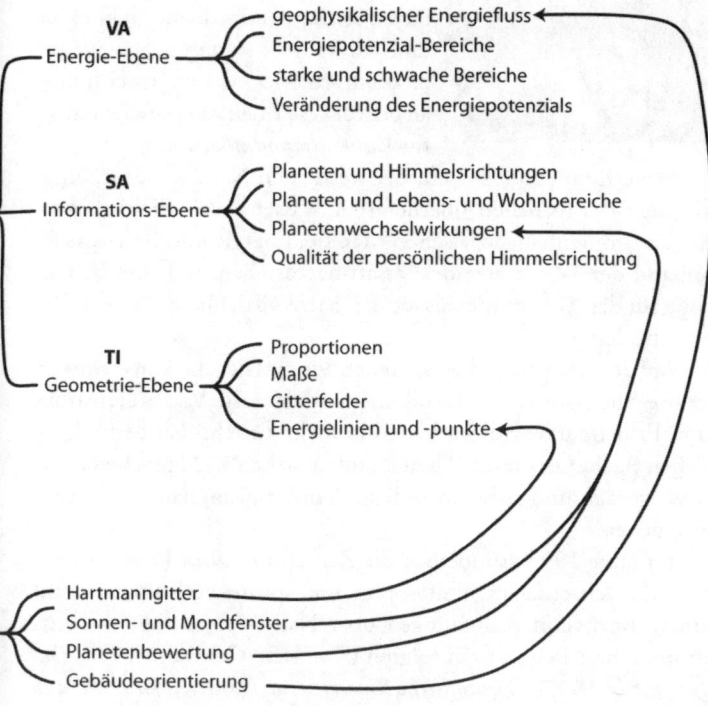

Über den Autor

Marcus Schmieke, geboren 1966 in Oldenburg, ist mit seinen zahlreichen Büchern der Pionier des Vastu in Europa und der Begründer des Vasati. Nach seinem Studium der Physik in Hannover und Heidelberg unternahm er längere Studienreisen nach Indien, wo er in Klöstern nach seiner Einweihung, 1989, in eine vedische Schülernachfolge unter anderem Sanskrit und vedische Philosophie und Metaphysik studierte. Sein Vastu-Studium absolvierte er mit Auszeichnung an dem angesehenen südindischen Institut *Vastuvidyapratisthanam*.

Seine Kenntnisse sowohl der westlichen Naturwissenschaften als auch des östlichen überlieferten Wissens ermöglichten ihm, die Zusammenhänge zwischen Materie, Energie und Bewusstsein anhand der 12 Gesetze des Vasati darzustellen und ihre Bedeutung für den Wohnraum als logisch nachvollziehbares System daraus abzuleiten.

Auf der Grundlage dieses offenen Systems der Baukunst entwickelte er die erste Vasati-Ausbildung und das erste Vasati-Fernstudium. Er betreut Vasati-Studenten in mehr als zehn Ländern. Seine sieben Bücher zu diesem Thema sind in mehr als 12 Sprachen übersetzt worden und selbst in Indien, dem Ursprungsland des Vastu, erschienen.

Im Jahre 1994 gründete er die Zeitschrift *Tattva Viveka* als Forum für Wissenschaft, Philosophie und spirituelle Kultur, worauf einige Buchveröffentlichungen über Naturwissenschaft, Lebensprozesse und Bewusstsein folgten (*Das letzte Geheimnis* 1995, *Das Lebensfeld* 1997, *Feinstoffliche Energien in Naturwissenschaft und Medizin* 1997).

136

Mit der Gründung der Veden-Akademie auf Schloß Weißenstein 1996 schuf er ein Institut zur Integration von Wissenschaft und Spiritualität, das sich über die Grenzen Deutschlands hinweg einen Namen machte. Seit 1998 in der Sächsischen Schweiz ansässig, konzentriert sich die Forschung und Lehre der Veden-Akademie vor allem auf Vasati, Vastu, Ayurveda, Sanskrit und vedische Astrologie (*Jyotish*).

Marcus Schmiekes umfassendstes Vastu-Buch *Die Kraft lebendiger Räume* ist zu einem Standardwerk des Vastu in deutscher Sprache geworden. In seinem neuesten Buch *Die 12 Erfolgsgesetze richtigen Wohnens* formuliert er zum ersten Mal die 12 Naturgesetze der Baukunst.

Neben seiner Arbeit als Vasati-Ausbilder, Autor und Wissenschaftler ist Marcus Schmieke heute vor allem als Planer von Vasati-Häusern in der ganzen Welt tätig und führt auch international Beratungen durch.

Vasati – Gesund durch Wohnen

Bei Fragen zum Thema Vasati und Interesse an den folgenden Dingen, wenden Sie sich bitte an den Autor:

Vasati-Beratung
– Baubegleitende Beratung
– Begehung Ihres Hauses oder Ihrer Wohnung mit Korrektur vor Ort
– Vasati-Beurteilung auf der Grundlage eines Grundrisses
– Radionische Diagnose und Korrektur Ihrer Wohnung oder Ihres Hauses

Der richtige Zeitpunkt
Benötigen Sie einen astrologisch besonders günstigen Zeitpunkt für den Bau Ihres Hauses, eine Hochzeit, Investitionen, einen Umzug, einen Vertragsabschluss usw.

Informationen zur Bestimmung des persönlichen Himmelsrichtungshoroskops
(Bitte brieflich oder per Fax anfragen)

Marcus Schmieke
Veden-Akademie „Burg Schöna"
Hirschgrund 94
01814 Schöna
Tel. 035028-85855 oder Tel. 80981 oder 80088
Fax 035028-85851
Marcus.Schmieke@t-online.de
www.vasati.de

Vasati-Produkte
– Vasati-Meru-Chakra und Vasati-Pyramide
– Raumakupunktur-Set
– Farbige Yantras

Vasati-Ausbildung
– Zwölfmonatiges Fernstudium mit Diplomabschluss
– Direkt-Ausbildung mit zwei 7-Tage-Intensivseminaren und einem
  Diplomabschluss

Weitere Ausbildungen und Seminare
– **Ayurvedischer Gesundheitsberater:** Fernstudium mit Praxis-
  wochen
– **Sanskrit-Fernstudium**

Bei Interesse an den Vasati-Produkten und der Vasati-Ausbildung
wenden Sie sich bitte an die Firma Vedasan:
Vedasan GmbH, Rudolf-Dietz-Str. 13, 65232 Taunusstein
Tel. 0180-5258356, Fax 06128-41098, www.vedasan.de

Yantras
Alle in diesem Buch abgebildeten Yantras erhalten Sie als farbige
Drucke bei der Veden-Akademie:
Tel. 035028-80981
Fax 035028-80982

Literaturverzeichnis

Deutsche Bücher über Vasati

Schmieke, M., *Haus, Mensch und Kosmos, Wie Vastu unsere Zukunft beeinflusst,* Silberschnur, Güllesheim 1999

Schmieke, M., *Die Kraft lebendiger Räume, Das große Vastu-Buch,* AT-Verlag Aarau, Stuttgart 2000

Schmieke, M., *Vasati und Ayurveda – Gesund durch Wohnen mit dem modernen Vastu,* Vedasan, Taunusstein 2000

Schmieke, M., *Vastu, Gesund und harmonisch Wohnen,* Falken Verlag, Niedernhausen 2000

Schmieke, M., *Das Vastu-Praxisbuch, 108 Schritte zu mehr Wohn- und Lebensqualität,* Silberschnur, Güllesheim 1999

Schmieke, M., *Das Yoga des Wohnens, Wohnen und Bauen nach den Gesetzen des Vastu,* Silberschnur, Güllesheim 1999

Englische Bücher über Vastu

Ananth, Sashikala, *The Penguin Guide to Vaastu,* Viking, New Delhi 1998

Hari, A.H. Sudeep, A.R. *The Amazing Science of Vaastu,* Ramya Mudrana, Bangalore 1995

Prabhu, Balagopal, A. Achyuthan, *Design in Vastuvidya,* Vastuvidyapratisthanam, Calicut 1997

Prabhu, Balagopal. A. Achyuthan, *Manushyalayachandrika, An Engineering Commentary of Tirumangalat Nilakanthan Musat,* Vastuvidyapratisthanam, Calicut 1998

Prabhu, Balagopal, A. Achyuthan, *Vastuvidyapravesika, A Text Book of Vastuvidya,* Vastuvidyapratisthanam, Calicut 1996

Rao, R.G., *Your Fortune from thy House (Vastu Shastra),* Sagar Publications, New Delhi 1995

Sthapati, V. Ganapathi, *Vaastu Shastra,* Redefined, reinterpreted and illustrated, Vaastu Purusha Publishing House, Madras 1997

Architektur und Baukunst

Doczi, György, *Die Kraft der Grenzen, Harmonische Proportionen in Natur, Kunst und Architektur,* Engel, Stuttgart 1996

Palladio, Andrea, *Die vier Bücher zur Architektur,* Artemis, München 1993

Palm, Hubert, *Das Gesunde Haus, Unser naher Umweltschutz,* ORDO-Verlag, Kreuzlingen 1992

Vitruv, Marcus, *Baukunst, Zehn Bücher über Architektur,* Artemis, München 1987

Wissenschaft

Bischoff, M., *Biophotonen, Das Licht in unseren Zellen,* Zweitausendeins, Frankfurt 1995

Heim, B., *Einheitliche Beschreibung der Materiellen Welt,* Resch Verlag, Innsbruck 1989

Heim, B., *Elementarstrukturen der Materie,* Resch Verlag, Innsbruck 1989

Heim, B., *Postmortale Zustände,* Resch Verlag, Innsbruck 1984

Schmieke, M. (Hrsg.), *Feinstoffliche Energien in Naturwissenschaft und Medizin,* INES-Verlag, Weißenstein 1997

Schmieke, M., *Das Lebensfeld, Naturwissenschaftliche Grundlagen einer spirituellen Auffassung vom Leben,* INES-Verlag, Weißenstein 1997

Schmieke, M., *Das letzte Geheimnis, Naturwissenschaft und Bewusstsein,* INES-Verlag, Frankfurt M. 1995

Thompson, Richard L., *Vedic Cosmography and Astronomy,* Bhaktivedanta Book Trust, Los Angeles 1989

Vedisches Wissen

Bhaktivedanta, A.C., (Swami Prabhupada): *Bhagavad-gita, Wie sie ist,* Bhaktivedanta Book Trust, Vaduz 1987

Bhaktivedanta, A.C., (Swami Prabhupada): *Shrimad Bhagavatam,* Bhaktivedanta Book Trust, Vaduz 1983

Harmonikales Bauen

Wolf D. Blank, G. Hegendörfer, *Die Praxis harmonikalen Bauens,* raum & zeit 70/94

Alexander Gosztonyi

Die Welt der Reinkarnationslehre

Das umfassende Grundlagenwerk zur Geschichte, Beweisbarkeit und Praxis der Reinkarnationslehre sowie ihre Bedeutung für Psychologie und das Weltbild des Christentums

Es wird eingehend gezeigt, daß das wiederholte Erdenleben, die Reinkarnation, keine blosse Vorstellung oder eine Hypothese ist. Ihre Kenntnis beruht vielmehr auf konkreter Erfahrung, die für alle Menschen offensteht. Der Autor, der seit vier Jahrzehnten als Rückführungstherapeut tätig ist, erörtert darin alle wichtigen Fragen, die sich im Zusammenhang mit Reinkarnation stellen, und gibt einen historischen Überblick über die verschiedenen Reinkarnationslehren. Das Buch gibt zudem allen, die sich Gedanken über den Sinn des Lebens machen, grundlegende Hinweise dafür, wie sie es als einen groß angelegten inneren Entwicklungsprozeß verstehen können.

352 Seiten · 3-89385-319-7
www.windpferd.com

Wilhelm Gerstung · Jens Mehlhase

Das große Feng-Shui Gesundheitsbuch

Wie Sie sich vor schädlichen Energien schützen und einen idealen Lebensraum schaffen können · So bringen Sie mehr Qi in ihr Haus

Die Autoren, beide erfahrene Feng-Shui-Praktiker und -Berater, zeigen, wie sich die unsichtbaren Energien des Feng Shui mit dem Biotensor (Einhandrute) oder Pendel auch ganz direkt messen und bewerten lassen. Dabei wird offensichtlich, daß sich viele Gesundheitsprobleme durch Feng Shui erklären und auf gestörte Energien zurückführen lassen. Bei der Bewertung der Energien im Haus und insbesondere am Schlafplatz haben die Autoren aufgrund ihrer langjährigen Erfahrung und umfangreichen Forschung auch das westliche Wissen um die Wirkung unterirdischer Wasserführungen und sogenannter Gitternetze integriert und im Zusammenhang mit Feng Shui weiterentwickelt.

256 Seiten · 3-89385-218-2
www.windpferd.com

Wilhelm Gerstung · Jens Mehlhase

Das große Feng-Shui Haus- und Wohnungsbuch

Eine umfassende Darstellung aller wesentlichen Feng-Shui-Situationen im Haus- und Wohnungsbereich mit praktikablen Lösungen

Ein Feng-Shui-Fachbuch:
Die Autoren beschreiben detailliert und anschaulich die wesentlichen Feng-Shui-Aspekte im Haus und zeigen praktikable Lösungen für alle denkbaren Situationen auf. Dabei wird immer auch die äußerst wichtige Verbindung zur Radiästhesie hergestellt. Es werden Anleitungen zu eigenen Energiemessungen im Haus gegeben. Hier wird erstmals die Einwirkung von feinstofflichen Wesenheiten beschrieben, die – neben den im ersten Band erläuterten Arten von feinstofflichen Energien – ebenfalls einen großen Einfluß auf die Harmonie und Behaglichkeit der Hausbewohner ausüben. Mit über 300 Zeichnungen.

240 Seiten, ISBN 3-89385-282-4
www.windpferd.com

Meister Chian Zettnersan

Taoistische Schlafzimmergeheimnisse

Tao Chi-Kung – Altchinesische Grundlagenmedizin für Gesundheit und LanglebigkeitVon der tiefen sexuellen Weisheit der Liebe

Die sexuelle Weisheit des Liebens bildet eine der „Acht tragenden Säulen des Taoismus". Die „Taoistischen Schlafzimmergeheimnisse" bilden die Basis menschlichen Glücks. Dabei stützen sie sich auf die Grundpfeiler der altchinesischen Diagnose-, Therapie- und Heilverfahren. „Jadestab" und „Jadetor" stehen im Zentrum des Buches. Die starke Kraft der vielen anschaulichen Übungen läßt sich bereits an ihren Namen erkennen: „Rückkehr zum Frühling" oder „Himmelwasser der Lebenskraft". Durchgängig illustriert.

240 Seiten · 3-89385-346-4
www.windpferd.com

Wilhelm Gerstung und Jens Mehlhase

Das große Feng Shui Garten- und Pflanzenbuch

«Grundstück, Gartengestaltung und Pflanzenwahl»

Erstmalig sind hier die für Haus und Garten wichtigsten Pflanzen nach Feng-Shui-Kriterien beschrieben. Pflanze und Mensch können Kontakt miteinander aufnehmen – und so ist es möglich, von den Pflanzen zu lernen und ihre, teilweise auch heilenden, Energien aufzunehmen. Die Kräfte der Pflanzen unterstützen die Harmonie zwischen Geist und Gefühl. Mit umfangreichen Pflanzenzuordnungen, die mehr als 700 Bäume, Sträucher, Stauden, Gräser, Farne und Zimmerpflanzen umfassen, haben die Autoren ein Standardwerk für das Garten-Feng-Shui geschaffen.
Darüber hinaus erhalten Sie das komplette Wissen, um ein Grundstück nach Feng-Shui-Kriterien zu betrachten und harmonisch nach Ihren Wünschen zu gestalten.

344 Seiten · ISBN 3-89385-308-1
www.windpferd.com

Barbara Simonsohn

Stevia – sündhaft süß und urgesund

Eine Alternative zu Zucker und Süßstoffen · Das süße Kraut für Genießer und Gesundheits-bewußte · Mit Erfahrungsberichten und vielen Rezepten

Hatten Sie bisher bei der Verwendung von Zucker auch immer ein schlechtes Gewissen? Dann können Sie nun aufatmen: endlich ist es möglich, Süße unbeschwert zu genießen. Mit Stevia, dem Honigblatt aus den Hochebenen Paraguays, können Diabetiker, Menschen mit Unterzucker-Problemen, Übergewichtige und alle, die auf ihre Gesundheit (und die ihrer Kinder!) achten, auf natürliche und sogar gesundheitsförderliche Art süßen. Während Sie mit Stevia in Süßem schwelgen, führen Sie Ihrem Körper ganz nebenbei wichtige Mineralstoffe, Vitamine und Flavonoide zu, die Ihr Immunsystem stärken.

ca.192 Seiten, 3-89385-310-3
www.windpferd.com

Reiki
Heilende
Entspannung

Von führenden Reiki-Meistern empfohlen!

Sanft fliessende
Kompositionen im Geist
und Rhythmus des Reiki.
Bei „Reiki" und „Reiki –
Light Touch" geben
Glöckchen den Wechsel
der Positionen an.
„The Heart of Reiki" ist
ganz auf intuitives
Timing eingestellt, und
die „Chakra-Meditations-
musik" unterstützt den
gesamten Energiefluß.
„Elements of Rejuve-
nation" ist ideal für wirkungsvolle Ki-Übungen.

MERLIN'S MAGIC
Elements of Rejuvenation
CD 41025*, ISBN 3-89385-960-8

MERLIN'S MAGIC
Reiki
CD 41025*, ISBN 3-89385-735-4

MERLIN'S MAGIC (DOPPEL-CD)
Chakra-Meditation
CD 41069, ISBN 3-89385-884-9,
DM 48/SFr 46,00/ÖS 350,00

MERLIN'S MAGIC
Reiki – Light Touch
CD 41055*, ISBN 3-89385-773-7

MERLIN'S MAGIC
The Heart of Reiki
CD 41081*, ISBN 3-89385-933-0

*unverbindliche Preisempfehlung
je CD DM 38,00/SFr 36,00/ÖS 282,00